CALLWEY

edition Garten+ Landschaft

Nicole Uhrig

BERLIN

Ein Begleiter zu neuer Landschaftsarchitektur

Mit freundlicher Unterstützung der Deutschen Gesellschaft für Gartenkunst und Landschaftskultur e.V.

Isabel Wenzel '08

Berlin hat sich seit dem Mauerfall zu einer Bauausstellung für zeitgenössische Landschaftsarchitektur entwickelt. Das große Spektrum planerischer Statements rechtfertigt durchaus die häufig zitierte Aura Berlins als Ort des Experimentellen. Doch an den größten stadt- und freiraumplanerischen Aufgaben der letzten Dekade vergangenen Jahrhunderts hat sich die junge Hauptstadt bereits abgearbeitet. Die Bauarbeiten im Regierungsviertel neigen sich vorerst ihrem Ende zu. Der Potsdamer Platz, als spektakuläre Bau- und Schaustelle bestaunt und gefeiert, integriert sich mittlerweile ganz selbstverständlich in den Berliner Alltag. Und den Großsiedlungen im Osten der Stadt mangelt es nach getaner Sanierungsarbeit mehr an Bewohnern als an anspruchsvoll geplantem Grün.

Die finanzielle Situation Berlins ist kritisch, die euphorische Stimmung der 1990er Jahre inzwischen entsprechend gedämpft. Den Umständen entsprechend, werden in öffentlichen Landschaften neue Prioritäten gesetzt: kostenminimiert müssen sie sein, pflegeleicht und robust. Was sich bereits als Strategie für die Berliner Stadtrandparks bewährt hatte, ist heute gängiger Maßstab.

Die Berliner Freiraumpolitik verschreibt sich immer seltener visionären Strategien und gewagten Neuplanungen. Vielmehr drängt sich die Frage der Unterhaltung und Pflege bereits vorhandener Freiflächen in den Vordergrund. Die jüngst vom Senat beauftragte Studie zur Zwischennutzung von Freiflächen scheint ein Schritt in die richtige Richtung zu sein. Denn mit einfachsten Mitteln ist es einigen provisorischen Landschaftsarchitektur-Projekten gelungen, die Berliner für sich zu begeistern. Künstlich angelegte Stadtstrände oder behelfsmäßige Golfplätze zeugen von einer neuen Generation authentischer Freiraumtypen mit dem für Berlin so typischen Charme des Unfertigen.

Im Themenfeld Natur und Ökologie bewegt man sich heute auf ideologisch weitaus weniger belastetem Terrain als noch vor 20 Jahren: Von der romantischen Verwilderungsästhetik postindustrieller Flächen über die rational arrangierte Kargheit naturgeschützter Magerrasen bis zur konzeptionell inszenierten Prozesshaftigkeit der Natur. So im speziellen Fall der von Gustav Lange gestalteten Innenhöfe in der Rotherstraße, wo sich eine ästhetisch kontrollierte Metamorphose vom rohen Steinblock zum Garten vollzieht.

Auch haben sich mittlerweile radikalere Statements ihren Platz in der Berliner Freiraumplanung erkämpft. Ob die grafischen Asphaltlandschaften der DKV-Geschäftsstelle in der Stresemannstraße von Topotek 1 oder die mächtigen Rasenskulpturen von DS landschapsarchitecten am Potsdamer Platz, eines haben die sonst so verschiedenen Arbeiten gemeinsam: Sie schüren die Diskussion und rücken das Thema aktueller Landschaftsarchitektur ins Blickfeld der öffentlichen Wahrnehmung.

Kritisch beleuchtet werden zeitgenössische Anlagen neben den allgegenwärtigen ästhetischen Grundsatzfragen gleichermaßen unter dem Gesichtspunkt ihres Gebrauchswertes, was ihre Bewertung nicht einfacher macht. Denn die Gruppe der Nutzer ist soziologisch differenziert und die Berliner Freiräume werden mitunter recht unkonventionell genutzt. Auch ist die Rezeption und Interpretation neu geschaffener Bilder naturgemäß keine rein objektive Angelegenheit, wie die widersprüchliche Diskussion um die Rasenskulpturen am Potsdamer Platz gezeigt hat. Doch den Adressaten darf und soll durchaus etwas mehr zugetraut werden.

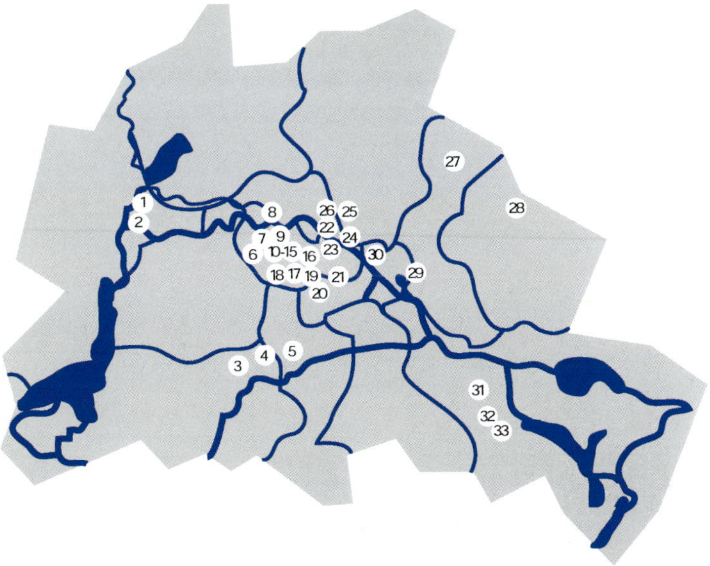
1
2
3
4
5
6
7
8
9
10-15
16
17
18
19
20
21
22
23
24
25
26
27
28
29
30
31
32
33

1 Havelspitze

Lage:	An der Havelspitze
Bezirk:	Spandau
ÖPNV:	U-Bhf. Rathaus Spandau Bus 131, See-Brücke
Zugang:	frei
Bauzeit:	1999
Bauherr:	Wasserstadt Berlin GmbH
Baukosten:	820 000 Euro
Fläche:	20 000 qm
Fotos:	WES & Partner

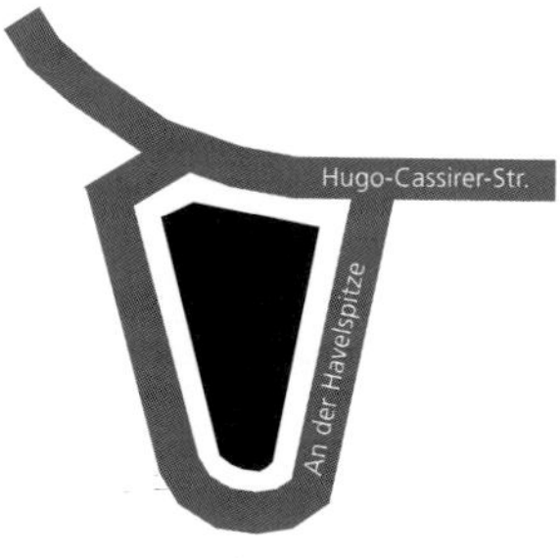

WES & Partner, Hamburg

Im Windschatten des Baubooms der Nachwendezeit mit seinen großangelegten städtebaulichen Entwicklungsgebieten sind in der Wasserstadt Spandau eine Reihe neuer Wohnquartiere entstanden. Durch ihre exponierte Lage mit Blick auf die Spandauer Zitadelle und die Altstadt ist vor allem das Quartier Havelspitze von besonderer Bedeutung.
Erste Aufgabe der Landschaftsarchitekten war es, an der Schnittstelle zwischen halböffentlichem und öffentlichem Raum einen vernünftigen Übergang vom offenen Innenhof der Wohnbebauung zum baumbestandenen Ufer zu schaffen. Die selbstauferlegte Zurückhaltung im Entwurf stärkt die vorhandenen Qualitäten des Ortes und überlässt zumindest im Bereich der Uferpromenade dem Thema Wasser und Weite die Hauptrolle. So wird zum Beispiel die alte Erlenreihe am Westufer mit neuen Säulenpappeln ergänzt. Die Halbinsel erhält an dieser Stelle eine erkennbare Fassung inklusive perspektivischer Dopplung. Während für die Gestaltung des Hofes etwas verspieltere Elemente wie Rasenwellen und Kirschbäume zum Einsatz kommen, geht es am Ufer deutlich nüchterner zu. Stufen und Treppenanlagen suchen immer wieder die Verbindung zum Wasser. Den Höhepunkt der Inszenierung formt eine hölzerne Plattform, die sich gleich 30 Meter weit auf die Wasserfläche hinaus schiebt.
Ein kleiner Bootshafen am Westufer sollte ursprünglich für die Bewohner den Freizeitwert ihres Quartiers erhöhen, doch die Planung für das Quartier Havelspitze ist noch lange nicht abgeschlossen. Wohnungsleerstand, soziale Probleme und fehlende Infrastruktureinrichtungen erfordern es, bereits verabschiedete Konzepte an die Realität anzupassen.
Die Diskussion ist noch in Gange. Doch der Weg zum selbstgewählten Leitbild der „kompakten, durchmischten Stadt mit hoher Gestalt- und Lebensqualität" ist noch weit.

Der Holzbelag des Steges faltet sich zur schlichten Sitzbank.

Die besten Wasserlagen der Havel am Spandauer See wurden bis vor wenigen Jahren noch von vernachlässigten Industrie- und Gewerbeflächen besetzt.

2 Lilli-Palmer-Promenade Krienicke Park

Häfner/Jiménez, Berlin

Lage:	Quartier Pulvermühle Pulvermühlenweg
Bezirk:	Spandau
ÖPNV:	U-Bhf. Haselhorst
Zugang:	frei
Bauzeit:	1996 bis 1998
Bauherr:	Wasserstadt Berlin GmbH
Baukosten:	1 305 000 Euro
Fläche:	33 000 qm
Fotos:	Häfner/Jiménez

Am landschaftlich reizvollen Standort der alten Pulvermühle am Spandauer See entstand ein neues Wohnquartier samt Park und Promenade. Als Rückgrat des neu gestalteten Freiraums erstreckt sich die Lilli-Palmer-Promenade direkt vor den Wohnhäusern und setzt mit einer kniehohen Sitzmauer eine klare Grenze zum Krienicke-Park. Auch die querenden Stichwege zum Ufer gehorchen ausnahmslos dem Gesetz der linearen Geometrie. Dank der erhöhten Lage reicht der Blick von der Promenade über den Park bis hin zum Wasser, vereinzelt sogar bis zum gegenüberliegenden Ufer.
Die richtige Blickrichtung ermöglicht auch die neu geschaffene Topografie des Parks, die mit dem gezielten Einsatz von Senken und Höhen das Auge führt und dem vormals ebenen Gelände einen vermeintlich natürlichen, sanft bewegten Charakter verleiht.
Auf eine vorgedachte Funktions- und Nutzungsstruktur des Parks wurde bewusst verzichtet. Stattdessen bieten die räumlich weich gegliederten Rasenflächen und die gut erschlossene Wasserlinie die besten Vorraussetzungen für allerlei Freizeitbeschäftigung.
Die beiden Gestaltungsthemen „Promenade und Park" sind Teil eines gut inszenierten Spiels der Gegensätze. Dort begegnen sich hart und weich, geometrische und freie Form, urbaner und landschaftlicher Charakter. Die Bäume widersprechen dieser Dialektik. Wie ein vermittelndes Element in zweiter Ebene erwecken sie hingegen den Eindruck eines gleitenden Übergangs vom Wohnen zum Wasser.
Die Entwurfsverfasser machten sich zum Ziel, an die Tradition der Lenné'schen Havelparks anzuknüpfen und verwandelten die behördlichen Forderungen nach einer öffentlichen, naturnah gestalteten Freifläche in einen zeitgemäßen Landschaftsgarten. Zurückhaltend, stimmungsvoll und absolut zeitlos.

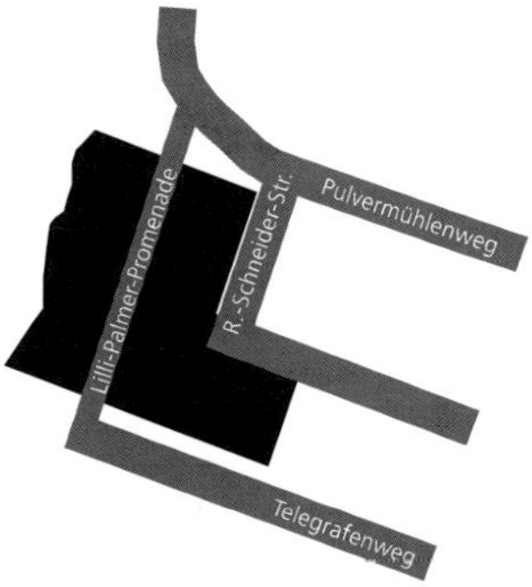

Als gewaltiger Blickfang markiert eine solitär gestellte Pergola den Standort der ehemaligen Pulvermühle.

Ihren reifen Charme verdankt die Anlage dem beachtlichen Baumbestand, der geschickt ergänzt wurde und immer wieder den Blick auf das Wasser freigibt.

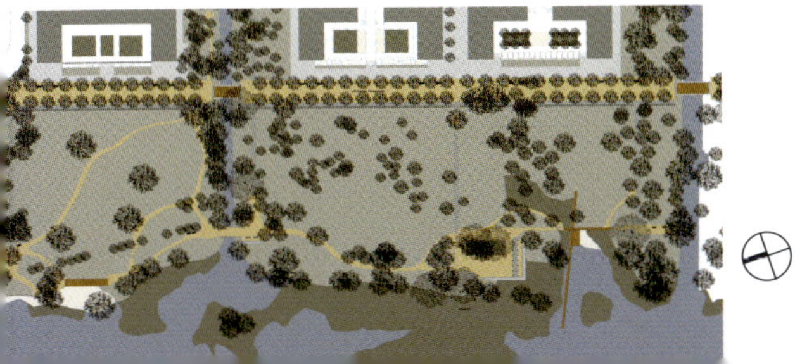

3 Eisenbahnbundesamt

TOPOTEK 1, Berlin

Lage:	Steglitzer Damm 117
Bezirk:	Steglitz
ÖPNV:	S-Bhf. Attilastraße
Zugang:	Platz frei Höfe nach Absprache
Bauzeit:	2000 bis 2002
Bauherr:	DB Immobilien-management GmbH
Baukosten:	750 000 Euro
Fläche:	9 700 qm
Fotos:	Hanns Joosten

Als Aufsichts- und Genehmigungsbehörde präsentiert sich das Eisenbahnbundesamt nach außen als moderne, reformwillige und dynamische Institution. Der Corporate Identity des Auftraggebers zeigen sich sowohl die Architektur als auch die Außenanlagen in ihrem konzeptionellen Ansatz durchaus verpflichtet. Beide Entwürfe setzen sich mit der Dynamik linearer Elemente auseinander und suchen nach einem adäquaten Ausdruck für die Themen Mobilität und Geschwindigkeit. Unmittelbar am Rande der Bahnlinie, zu Füßen des S-Bahnhofes Attilastraße gelegen, eröffnet zunächst ein kleiner Stadtplatz das Spiel. Das Thema lautet: Schatten und Bewegung. Auf dem Boden bilden sich die Gravuren abstrakter Schattenbilder oder verwischter Silhouetten vorübereilender oder vorbeifahrender Passanten ab. Fast möchte man die Formbildungen aus Schattenwurf, Verzerrung und Lichtquelle eingehender untersuchen und theoretisch nachvollziehen. Die runden Bauminseln scheinen den Bewegungsfluss auf dem Platz nicht zu stören. Auf der Rückseite des Gebäudes bettet sich ein urzeitlicher Pfuhl nebst ökologisch wertvoller Ufervegetation in eine wilde Wiesenfläche. In diesem Bereich wurden die Strukturen behutsam ergänzt, der eigentliche Akt der Gestaltung fand dagegen zwischen Bahngleisen und Gebäude statt. Dort positioniert sich ein mächtiger Holzsteg, der so weit auf seine linearen Strukturen reduziert wurde, dass sich der Effekt des Fluchtens dem Phänomen des Ausblicks aus einem fahrenden Zug nähert.
Schön schrill leuchten im Heckengarten die grünen Leuchtröhren, die sich hinter einer Staffelung unterschiedlich hoher Pflanzkörper verbergen. Der grüne Schimmer reicht bis zum Bahnsteig hinauf und gönnt damit der Öffentlichkeit einen verstohlenen Blick in den verschlossenen Garten.

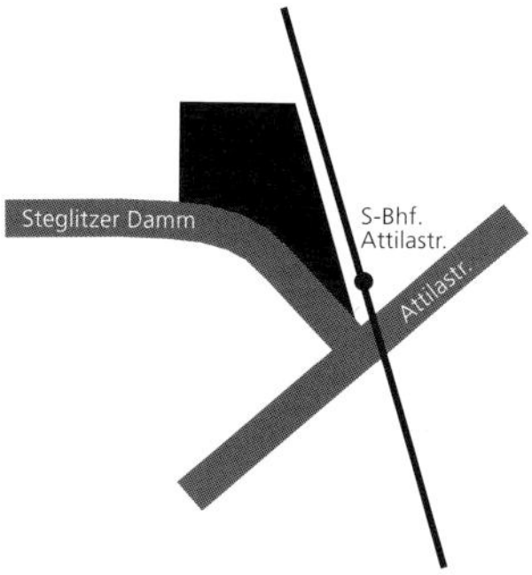

Überraschenderweise handelt es sich im Fall des Holzsteges nicht um eine echte Wegeverbindung, auch wenn die starke Richtungsweisung dies suggeriert. Auch die mitlaufende, gut getarnte Sitzbank macht das Objekt mehr zum Aufenthalts- denn zum Durchgangsraum.

In Richtung Haupteingang kündigen Treppenstufen mit einer abrupten und formal etwas irritierenden Stiländerung im Bodenbelag einen Szenenwechsel an. Aus dem grünen Stadtplatz wird ein freier Vorplatz, der unmissverständlich dem Gebäude zugeordnet ist.

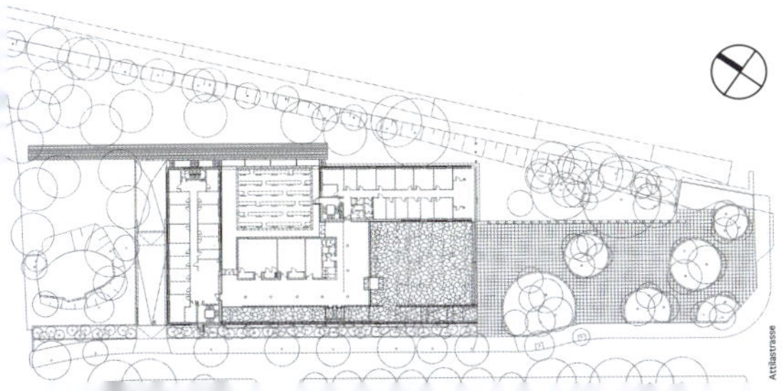

4 Hans-Baluschek-Park

Büro Kiefer, Berlin

Lage:	Priesterweg/Prellerweg Matthäifriedhofsweg
Bezirk:	Schöneberg
ÖPNV:	S-Bhf. Priesterweg Nordausgang
Zugang:	frei
Bauzeit:	2000 bis 2002
Bauherr:	Grün Berlin Park und Garten GmbH
Baukosten:	1 176 000 Euro
Fläche:	80 000 qm
Fotos:	Hanns Joosten

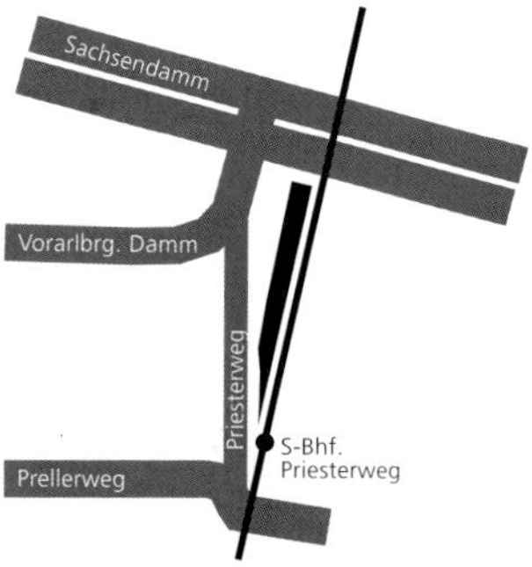

Entlang der Schöneberger Bahnhöfe Priesterweg und Papestraße wurde im Zuge der Reichshauptstadtplanung in den 1930er Jahren ein langgestrecktes Plateau aufgeschüttet. Lange Zeit blieb die Fläche frei von dauerhaften Nutzungen und konnte nach dem Fall der Mauer als weiteres Teilstück der geplanten Vernetzung der Berliner Bahnbrachen gesichert werden. Auch der langgehegte Wunsch nach einem Fußgänger-, Skate- und Fahrradweg vom Potsdamer Platz bis zum Insulaner konnte nun zumindest in diesem Abschnitt verwirklicht werden.
Eine schnurgerade Wegeachse begleitet die Bahngleise und erhebt sich deutlich über die benachbarte weitläufige Kleingartenanlage. Befände man sich am Meer, würde die exponierte Flaniermeile durchaus als Strandpromenade durchgehen. Statt übers Wasser schweift der Blick nun über ein grünes Meer aus Kleingärten und über die ferne Stadtsilhouette mit ihren Wahrzeichen. Kaum merklich verspringt die Promenade an den vier Aussichtsplätzen, welche die übergeordneten Querverbindungen markieren. Wie stählerne Bastionen erheben sich die sonnenexponierten Plätze über das Niveau der Promenade. Im Sinne konzentrierter Nutzungsinseln wurden sie mit den Themen Spiel, Picknick, Sonnenbaden und Sport besetzt. Streng geformte Kiefernhaine definieren die Räume, Säulenpappeln markieren jeweils die Eingänge zum Plateau, während eine Obstwiese mit seltenen Apfelsorten die Brücke zu den Kleingärtnern schlägt. Ganz dem offenen Charakter der Ortes verpflichtet, präsentieren sich die übrigen Flächen als Wiesen zur freien Nutzung. Unterschiedlicher und interessanter könnte der Kontrast bezüglich gesellschaftlichem Auftrag und Gestaltungssprache zwischen Park und angrenzenden Kleingärten nicht sein: Öffentliche Weite versus private Kleinsträumigkeit, Asphalt und Stahl im Disput mit Gartenzwerg und Schleifenblume.

Mit Bedacht fiel die Wahl auf äußerst robuste Materialien und wenige aber deutliche, manchmal fast monumental wirkende gestalterische Gesten.

Eine Fußgängerbrücke soll den Hans-Baluschek-Park künftig mit dem benachbarten Naturpark Südgelände verbinden.

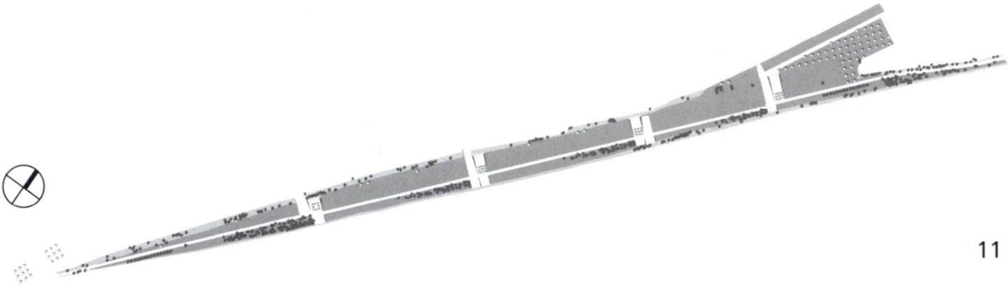

5 Natur-Park Südgelände

AG ÖkoCon/Planland, Berlin

Lage: Prellerweg
Bezirk: Schöneberg
ÖPNV: S-Bhf. Priesterweg
Zugang: frei, Eintritt 1 Euro
Bauzeit: 2000
Bauherr: Grün Berlin Park und Garten GmbH
Baukosten: etwa 1 000 000 Euro
Fläche: 180 000 qm
Fotos: Andreas Langer

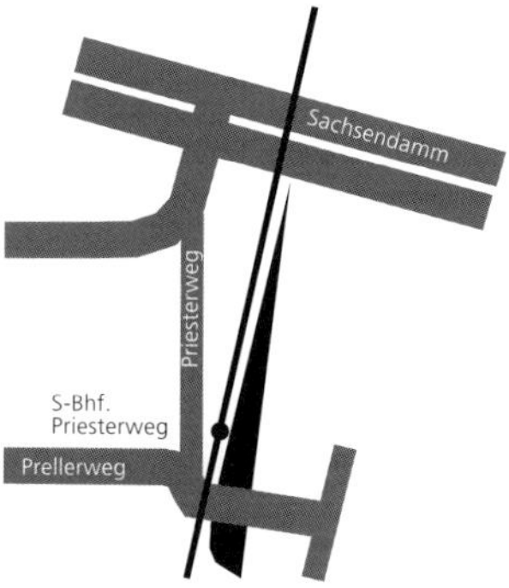

Das Gefühl, inmitten der Stadt in eine scheinbar verlassene Wildnis einzutauchen, ist ein echtes Erlebnis. Und obwohl das Streunen auf dem verlassenen Bahngelände mit dem Jahr 2000 legal und öffentlich geworden ist, lockt hier nach wie vor der Reiz des Verbotenen.
Das Südgelände war seinerzeit Bestandteil des vorstädtischen „Rangierbahnhofs bei Tempelhof". Im Jahre 1952 fuhr der letzte Zug. Seitdem konnte sich ungestört eine bemerkenswerte Vielfalt an Tier- und Pflanzenarten entwickeln, die seit 1999 sogar Schutzstatus genießt.
Eine Interessengemeinschaft aus Naturschutzverbänden, Bürgerinitiativen und Wissenschaft bewahrte die innerstädtische Eisenbahnbrache vor der zunächst geplanten Rodung für einen neuen Güterbahnhof. Die Grün Berlin GmbH koordinierte die mehrjährige Umsetzungsphase des umfassenden Projektes. Dank positiver Verhandlungen mit der Deutschen Bahn wurde sogar die Fernbahntrasse verlagert, die das Gebiet ehemals teilte. Finanziert wurde das Ganze durch die Allianz-Umweltstiftung und die Stadt Berlin.
In seinem Kern ist der Natur-Park als Naturschutzgebiet, in den übrigen Bereichen als Landschaftsschutzgebiet ausgewiesen. Mit der Öffnung der Fläche als Park stand die Stadt Berlin vor der schwierigen Aufgabe, die Anforderungen des Naturschutzes und die Ansprüche der Nutzer zusammenzubringen. Ein Hauptaugenmerk lag dabei auf dem Erhalt des besonderen Charakters des Ortes: der Durchdringung von Technik und Natur. Überwucherte Relikte der Industriekultur zeugen von der Rückeroberung durch die Natur. Eine Natur der „vierten" Art.
Der Entwurf setzt auf die Integration des Bestandes und auf das Nebeneinander unterschiedlicher Sukzessionsstadien. Er übernimmt das vorgefundene charakteristische Raumgefüge aus offenen Lichtungen, hainartigen Gehölzstrukturen und dichten Gehölzbeständen und greift

Der Entwurf übernimmt das vorgefundene charakteristische Raumgefüge aus offenen Lichtungen und dichten Gehölzstrukturen.

Die bislang eigendynamische Vegetationsentwicklung ist von einem gezielten Pflegemanagement abgelöst worden.

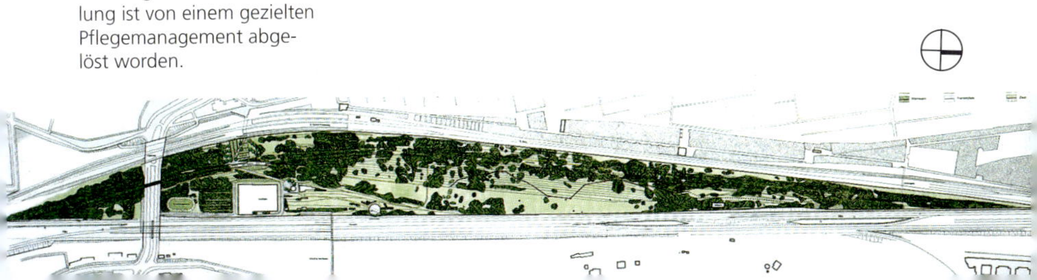

Natur-Park Südgelände

punktuell ein, um klare Raumgrenzen und Raumfolgen zu schaffen. Die bislang eigendynamische Vegetationsentwicklung des Gebietes ist von einem gezielten Pflegemanagement abgelöst worden. Sowohl das dem Park zugrunde liegende Leitbild, als auch die laut Schutzgebietsverordnung festgelegten Ziele erfordern regelmäßige Pflege durch Mähen oder Entfernen aufwachsender Gehölze. Weitgehend sich selbst überlassen bleiben hingegen die dichten, waldartigen Gehölzbestände, denn Zielsetzung ist unter anderem der Erhalt der offenen Bereiche. Zur Überprüfung der eingesetzten Pflegemaßnahmen wird die weitere Vegetationsentwicklung über ein festes Raster von Kontrollflächen regelmäßig dokumentiert. Mit Hilfe dieses Bio-Monitorings soll der Pflegeplan kontinuierlich bewertet und fortgeschrieben werden. Das Grundgerüst der Wege orientiert sich an den alten Schienensträngen und ergänzt Querverbindungen. Die Künstlergruppe Odious entwickelte einen Steg aus Stahlgitterrosten, der als schwebendes Element die sensiblen Bereiche mit respektvollem Abstand erschließt und gleichzeitig die Besucher in Schach hält. Der inszenierte Sieg über die verlassenen Industrieruinen und das damit transportierte Bild der Natur trägt zweifellos Züge einer romantischen Ästhetik. Die gewählten Stilmittel unterstützen zwar die Authentizität des Ortes, doch wird genau diese mit der steigenden Tendenz zur künstlerischen Überfrachtung des Geländes immer mehr in Frage gestellt.

Die freie Entfaltung der Natur ist auf dem Südgelände erwünscht und Teil des Konzeptes für den Park.

Als Natur der vierten Art wird die spontan auftretende Natur in den vom Menschen geschaffenen, urban-industriellen Lebensräumen bezeichnet.

6 Garten der Landesvertretung Bremen

Lage:	Hiroshimastraße 24
Bezirk:	Tiergarten
ÖPNV:	Bus 129, Hiroshimasteig
Zugang:	frei
Bauzeit:	1999
Bauherr:	BIG Bremer Investitionsgesellschaft
Fläche:	2 291 qm
Fotos:	Eva-Maria Boemans

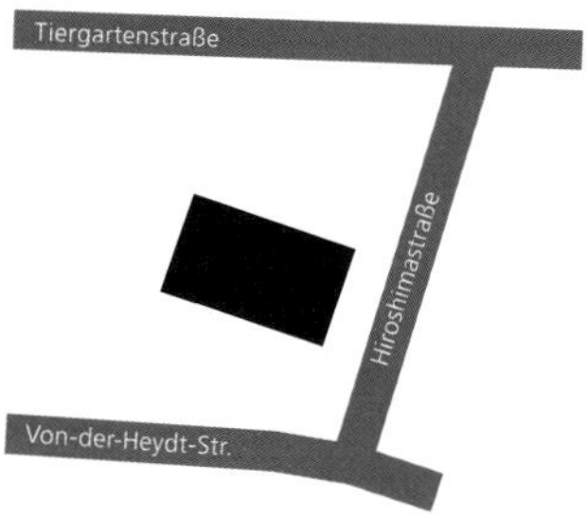

Thomanek + Duquesnoy, Berlin

Aus der Nähe betrachtet, offenbart der vordergründig etwas zurückhaltende Garten der Landesvertretung Bremen einen durchaus gesprächigen, fast verspielten Charme. Das hanseatische Gemüt scheint also bei weitem nicht so kühl wie man ihm nachsagt.
Vor dem Hintergrund der kommunikativen Aufgabe dieses „Bremer Repräsentanten" zielten die Entwurfsverfasser zunächst darauf, kraft norddeutscher Landschaftszitate der Identität des Ortes ein unverwechselbares Gesicht zu geben. Das Wasser darf dort ebenso wenig fehlen wie die Muscheln, der Sand der Dünen und das Gras der Deiche. Der Blick reicht zwar nicht zum Horizont, doch die grüne Kulisse des erweiterten Tiergartens bietet ihrerseits Qualitäten und lässt den Garten wie eine Lichtung erscheinen. Die Einfriedung aus Hainbuchenhecken und Mauerelementen verfolgt ein rhythmisches Spiel von Transparenz und Dichte. An jeder der vier Grundstücksseiten reagiert sie variationsreich auf die jeweilige Situation. Den Süden begrenzt eine durchgängige Mauer, die nicht nur ihre Funktion als Begrenzung des schmalen Wasserbeckens erfüllt, sondern auch Projektions- und Ausstellungsfläche für Skulpturen und Kunstobjekte ist. Das Wasserbecken wird von einer schmalen, von der Architektur Luis Barragáns inspirierten Rinne gespeist. Die erhöht gelegene Terrasse ist ein guter Standort, um den Blick über die verschiedenen Höhenstufen des Gartens schweifen zu lassen: der perfekte Ort für einen Sektempfang. Als Fortführung des Holzfußbodens im Inneren des Gebäudes wurde die Terrasse mit einem hölzernen Schiffsdeckbelag ausgestattet. Denn Ziel des Entwurfes ist es auch, Gebäude und Außenraum möglichst eng zu verflechten.
Den Schlusspunkt am Ende des Gartens bilden zwei große Sitzskulpturen. Wie Throne erheben sie sich über das Wasser und werfen eindringlich die Frage der Besetzung auf: Gastgeber oder Gast?

Die Pflanzungen aus Zierkirsche, Traubenkirsche und Zuckerahorn bilden einen bunten Kontrapunkt in den Wasser- und Rasenflächen.

Das Konzept verfolgt drei Absichten: die Verflechtung von Gebäude und Außenraum, das Zitieren norddeutscher Landschaftselemente und die Einbindung des Gartens in die geplante Parklandschaft des erweiterten Tiergartens.

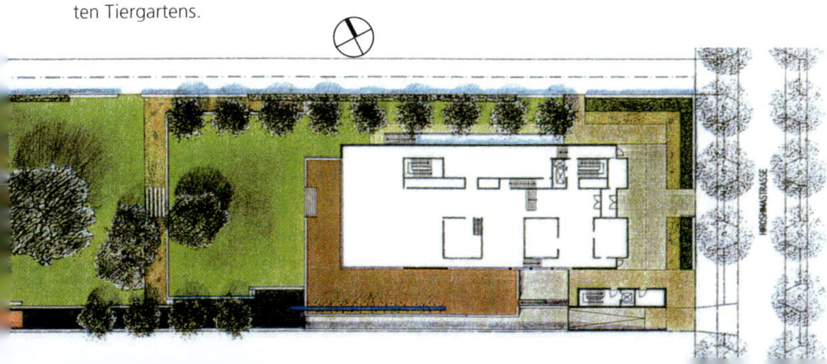

7 Park am Moabiter Werder

Vogt Landschaftsarchitekten,
Zürich/München

Lage:	Paulstraße/Lutherbrücke
Bezirk:	Tiergarten
ÖPNV:	S-Bhf. Bellevue Bus 187, Paulstraße
Zugang:	frei
Bauzeit:	2002
Bauherr:	Deutsche Stadt- und Grundstückentwicklungs-gesellschaft Berlin
Fläche:	45 000 qm
Planung:	Vogt Landschaftsarchitekten, vormals Kienast Vogt Partner
Fotos:	Christian Vogt

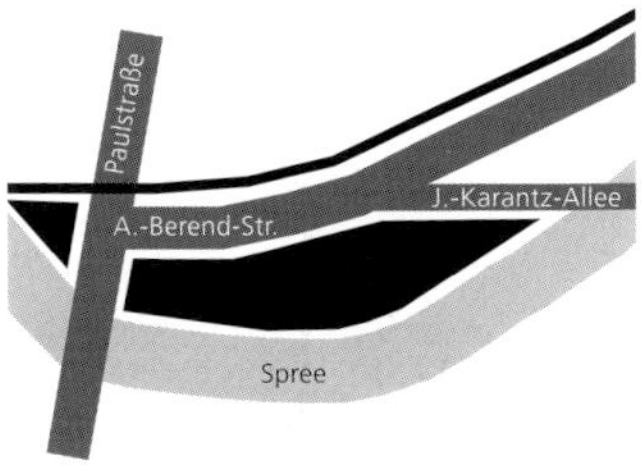

Am Moabiter Werder gilt der erste Blick zweifellos der mehr als 300 Meter langen Gebäudeschlange in gelbem Backstein. Auf dem Gelände des ehemaligen Hamburg-Lehrter Güterbahnhofes wurde im Zuge der Hauptstadtplanung ein ehrgeiziges Wohnungsbauprojekt für Bundesbedienstete realisiert. Als Teil des Zusammenspiels von Spree, Tiergarten, Bahntrasse und den repräsentativen Gebärden des Band des Bundes, entwickelt die Parkanlage einen variationsreichen Dialog mit den angrenzenden Protagonisten. Eine der größten Herausforderungen bestand sicherlich darin, einen sinnvollen, in diesem Fall fließenden Übergang vom Wohnumfeld zum öffentlichen Raum zu schaffen.
Die Anlage setzt sich aus zwei übergeordneten Teilen zusammen: dem sogenannten Bundespräsidentendreieck westlich der Paulstraße und den östlich gelegenen Spreewiesen. Wie ein Rückgrat verknüpft die breite Uferpromenade beide Parkeinheiten miteinander. Entlang der Spreewiesen wird sie von einer vierreihigen Allee begleitet. Spielerisch wird dabei das traditionelle Bild der Allee unterwandert. Unterschiedliche Baumarten und der unterbrochene Rhythmus der Baumzeilen führen zu wechselnden Laub- und Lichtverhältnissen.
Akkurat geschnittene Heckenskulpturen wachsen zu stattlichen Tierfiguren heran, die sehnsüchtig zum gegenüberliegenden Tiergarten blicken, dem einst kurfürstlichen Jagdgehege. Sie spielen mit dem Gegensatz von kultivierter und wilder Natur, einem Grundthema der Anlage.
Ein weiteres verbindendes Element der beiden Parkteile sind die ellipsenförmigen Baumkörper. Im Bereich der Spreewiesen sind sie als leicht erhöhte, monochrom bepflanzte Rasenskulpturen ausgebildet. Im Bundespräsidentendreieck orientieren sie sich hingegen am alten Baumbestand, der zum Arboretum weiterentwickelt wird.

Die mit Efeu unterpflanzten ovalen Baumkörper setzen sich aus mehreren Individuen derselben Pflanzengattung zusammen: Aceretum, Moretum, Magnolietum und Prunetum auf dem Bundespräsidentendreieck.

Eine vierreihige Allee bildet das Rückgrat der Spreewiesen. Die unterschiedlichen Baumarten und der unregelmäßige Rhythmus der Reihen schaffen wechselnde Raumeindrücke.

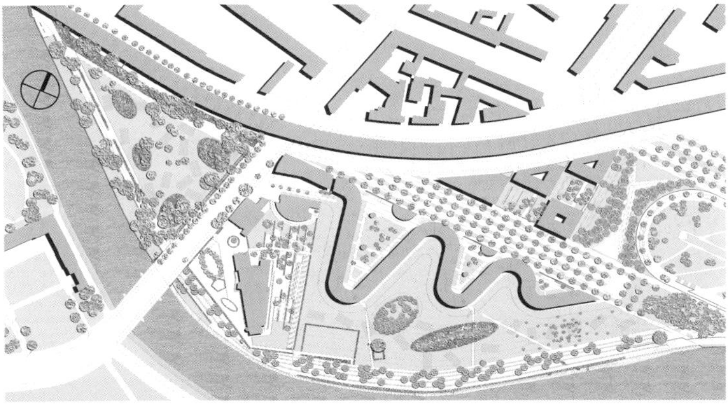

*

8 Spreebogenpark

w+s Landschaftsarchitekten, Solothurn

Lage:	Otto-von Bismarck-Allee Konrad-Adenauer-Straße
Bezirk:	Tiergarten
ÖPNV:	S-Bhf. Hauptbahnhof-Lehrter Stadtbahnhof Bus TXL, Moltkebrücke
Zugang:	frei
Bauzeit:	2003 bis 2005
Bauherr:	DSK Büro Berlin, Deutsche Stadt- und Entwicklungsgesellschaft mbH
Baukosten:	2 500 000 Euro 3 500 000 Euro Ing.bau
Fläche:	6300 qm
Ausführungsplanung und Bauleitung:	Gruppe F, Berlin
Fotos:	w+s Nicolai Köhler

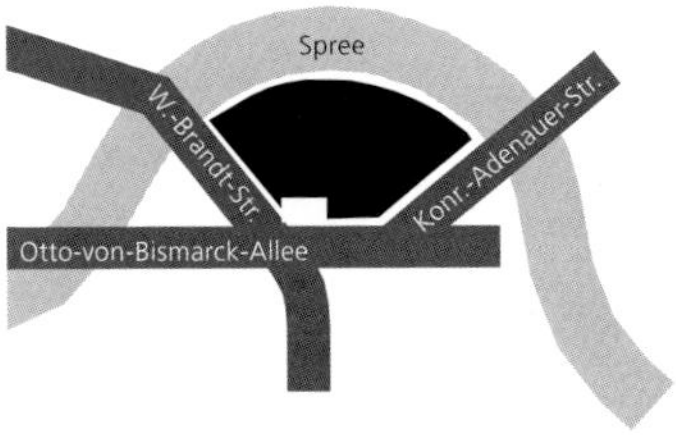

Dank des konzentrierten Arrangements der Regierungsbauten im Band des Bundes bleibt das spreeumflossene Filetstück des Regierungsviertels als Freiraum erhalten. Der erste Blickfang im Park gilt zwei großen symmetrisch angeordneten Rasenkeilen, die den Blick zum Humboldt-Hafen am gegenüberliegenden Ufer lenken. Ihre monumentale Formensprache kommentiert dabei ganz selbstverständlich die Architektur im Hintergrund.

Der Entwurf thematisiert variationsreich die topographischen Besonderheiten des Ortes. Ein erhöhter Panoramaweg führt auf der alten, steingedeckten Ufermauer entlang. Neu errichtete Stützmauern verlaufen als Schicht der Gegenwart hinter dem historischen Naturstein-Deckwerk. Genau in diese Nahtstelle schieben sich zwei schmale Themengärten. Ausgehend vom höchsten Punkt, verbinden die Gärten die beiden Ebenen Park und Spreeufer in gleichmäßigem Gefälle.

In der Westkurve befindet sich eine Hommage an die Hofgärten der ursprünglichen Bebauung: der Spurengarten. Wie durch ein Zeitfenster blickt man von den querenden Brücken in diesen hortus conclusus hinab. Zur Spree öffnet sich der Garten mit einem präzise ausgeschnittenen Mauerelement, welches als Symbol für den Aufbruch zu Neuem steht. Das Pendant zum Spurengarten, die Gartenspur, konfrontiert die im Sommer farbenprächtige Blumenwiese mit einer kaltblauen Wand und repräsentiert damit den Dialog zwischen Architektur und Landschaftsarchitektur.

In exponierter Lage soll voraussichtlich die Skulptur „Niemandsland" von Olaf Metzel ihren Platz einnehmen. Mit seiner leicht gekippten Position versucht das überdimensionale, aber filigrane Werk, der starken Identität und dem Geltungsdrang der angrenzenden Regierungsbauten ein Fragezeichen mit auf den Weg zu geben.

Neue Mauern aus Sichtbeton und alte mit Natursteindeckwerk vermitteln zwischen dem Niveau des Parks und der Promenade an der Spree. Verbindendes Element zwischen Ufer und Park sind die „Gartenspur" und der „Spurengarten", zu dem man durch eine Öffnung in der historischen Mauer gelangt.

Aus der Wiesenfläche des Spreebogenparks erheben sich zwei Rasenkeile, die die Blicke auf das gegenüberliegende Ufer im Norden und das Band des Bundes im Süden lenken.

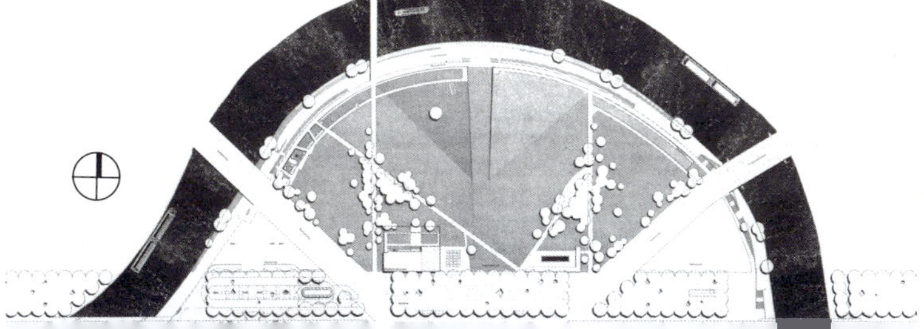

9 Garten der Schweizerischen Botschaft

Vogt Landschaftsarchitekten
Zürich/München

Lage:	Otto-von-Bismarck-Allee 4A
Bezirk:	Tiergarten
ÖPNV:	S-Bhf. Hauptbahnhof-Lehrter Stadtbahnhof
Zugang:	auf Anfrage
Bauzeit:	2001
Bauherr:	Eidgenössisches Departement für Auswärtige Angelegenheiten
Fläche:	1 041 qm
Planung:	Vogt Landschaftsarchitekten, vormals Kienast Vogt Partner
Fotos:	Christian Vogt

Die Schweizerische Botschaft entging als einziges Gebäude des Alsenviertels dem Bombenhagel im Zweiten Weltkrieg und präsentiert sich heute als trotziger Solitär. Diener & Diener-Architekten erweiterten das 1871 entstandene Haus, indem sie einerseits die Tradition und Pracht der Botschaft pointieren, andererseits mit dem angegliederten schroffen Betonbau ein neues Zeichen setzen. Integraler Bestandteil des Entwurfs ist das Relief der westlichen Brandmauer. Der Künstler Helmut Federle kommentiert dort das Prinzip der strengen Ordnung.

Der Garten der Botschaft befindet sich auf der Rückseite des Gebäudes und dient in erster Linie Repräsentationszwecken. Analog zum Neubau sieht sich der puristisch anmutende Garten der Tradition des Schweizer Minimalismus verbunden. Die genau definierte Staffelung von Wasserbecken, Baumreihe, Hecken, Stauden und Rasen schafft eine klare Raumordnung. Wie die Formensprache folgt auch die Pflanzenverwendung dem schlichten Gestaltungsprogramm. Das Farbenspiel beschränkt sich auf die abgestuften Grüntöne von Buchs, Farn und Efeu. Die Zurschaustellung prächtiger Blüten bleibt den fünf Magnolienbäumen vorbehalten.

Interessanterweise wirkt der als puristisch-minimalistisch proklamierte Garten keineswegs nüchtern oder gar zurückhaltend. Gerade der Vorgang des Filterns, die gezielte Beschränkung auf das Wesentliche, bringt die eigentlichen Qualitäten des Gartens erst zur Geltung: Strukturen und Formen, das Grün und der Duft der Pflanzen geraten dort so gezielt ins Rampenlicht, dass sich der Betrachter ihrer Wirkung nicht entziehen kann. Auch der einfach gegliederte Raum und vor allem das optische Doppelungsspiel der Wasserfläche erzeugen im Wechsel der Perspektiven unerwartet komplexe Gartenbilder. Es herrscht die versteckte Üppigkeit.

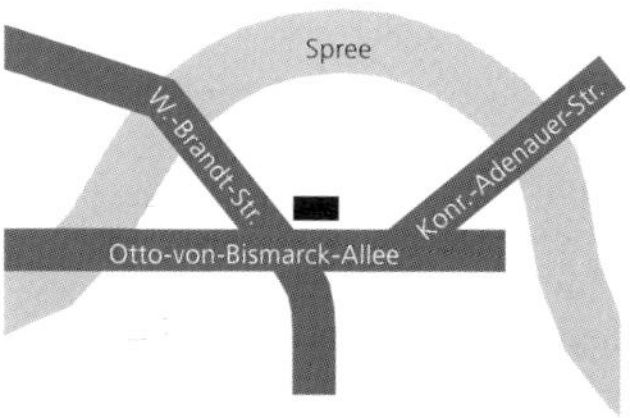

Eine hohe Lindenhecke umgibt den Garten mit einem ruhigen, grünen Rahmen. Sie verdeckt gleichzeitig den Zaun mit seinen Sicherheitselementen.

Auf der Längsseite erlaubt eine Öffnung in der Heckenpflanzung einen ersten Blick in den Garten.

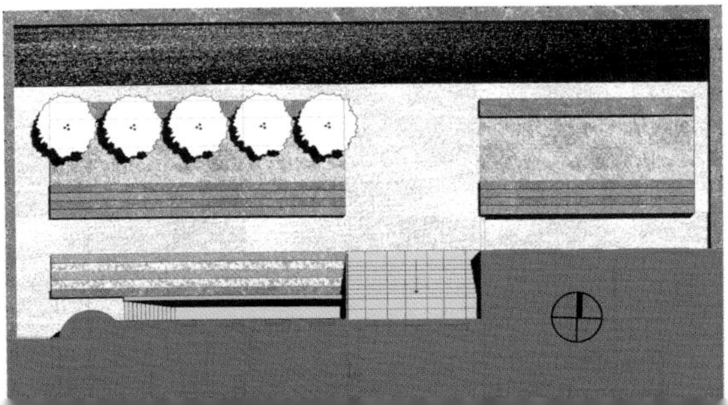

10 Bürgerforum

Lage:	Konrad-Adenauer-Str. Willy-Brandt-Straße
Bezirk:	Tiergarten
ÖPNV:	S-Bhf. Hauptbahnhof-Lehrter Stadtbahnhof
Zugang:	frei
Bauzeit:	2004 bis voraussichtlich 2006
Bauherr:	Bundesrepublik Deutschland und Land Berlin vertreten durch DSK Deutsche Stadt- und Grundstücksentwicklungsgesellschaft mbH
Baukosten:	4 200 000 Euro
Fläche:	15 000 qm
Fotos:	Lützow 7

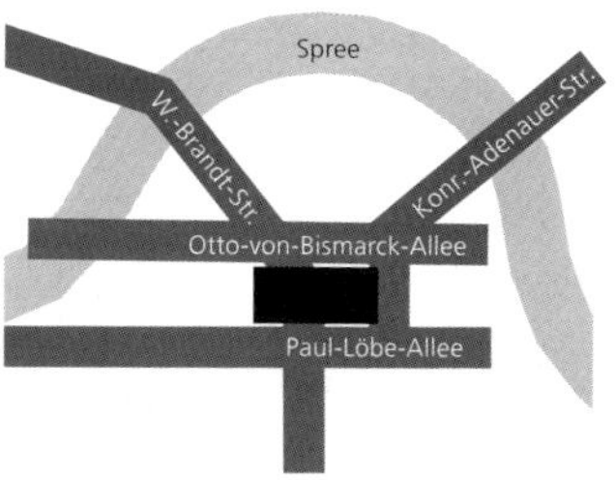

Lützow 7, Berlin

Wäre die städtebauliche Figur des Band des Bundes von Axel Schultes und Charlotte Frank konsequent und planmäßig zur Umsetzung gekommen, hätte ein Bauwerk den Platz des heutigen Bürgerforums besetzt.
Die randseitig dicht an dicht gesetzten Ahornreihen zwischen Kanzleramt und Paul-Löbe-Haus können und wollen das fehlende bauliche Volumen nicht ersetzen. Mit strenger Geste führen sie jedoch zumindest formal die Gebäude fort und verhindern im Sinne einer grünen Klammer das Auseinanderfallen der städtebaulichen Figur. Folgerichtig sind die Standorte für temporäre Bauten wie Info- oder Gastronomie-Pavillons just an dieser Stelle vorgesehen. Die Fläche kokettiert mit ihrer scheinbaren Offenheit. Rhythmisch aufschäumende Wasserwände erzeugen eine eigenständige, dynamische Raumstruktur und geben dem weitläufigen Bürgerforum den menschlichen Maßstab zurück. Die stimmungsvolle Beleuchtung der Fontänen verstärkt diese Raumwirkung bei Nacht.
Amöbengleich durchwandern kleine Raseninseln den Ehrenhof des Kanzleramtes, touchieren die raumgreifende Skulptur des baskischen Künstlers Chillida und schieben sich unter der Absperrung hindurch auf das Forum hinaus. Dort herrscht die strenge Ordnung eines Wechselspiels aus Naturstein- und Rasenbändern. Die begrünten Flächen wurden aus widerstandsfähigem Schotterrasen gefertigt und machen somit die flexible Nutzung des inneren Platzraumes möglich. Ein metallisch schimmernder Radius verdeckt als elegante Bodenintarsie die Absperrvorrichtungen für besondere Veranstaltungen mit erhöhten Sicherheitsvorkehrungen.
Noch setzt die Entlastungsstraße einen schmerzhaften Schnitt durch das Bürgerforum. Erst mit der Fertigstellung des Autotunnels im Jahre 2006 und dem Rückbau der Straße kann die Vollendung des Bürgerforums gefeiert werden.

Wer etwas Geduld mitbringt, dem erschließt sich möglicherweise der choreografische Ablauf des Wasserspiels der Fontänenbänder.

Zwei Streifen aus Bäumen setzen die städtebauliche Figur des Bandes des Bundes auf dem Bürgerforum fort. Die weite Platzfläche ist von Mobiliar freigehalten.

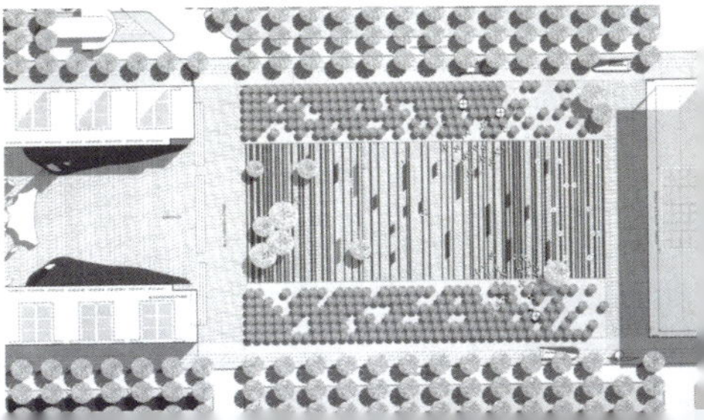

11 Tiefhöfe Paul-Löbe-Haus

Lage:	Konrad-Adenauer-Straße 1
Bezirk:	Tiergarten
ÖPNV:	S-Bhf. Hauptbahnhof Lehrter Stadtbahnhof
Zugang:	auf Anfrage gut einsehbar
Bauzeit:	2001
Bauherr:	Bundesrepublik Deutschland, vertreten durch Bundesbaugesellschaft Berlin mbH
Baukosten:	1 400 000 Euro
Fläche:	4 600 qm
Künstler:	u.a. Jörg Herold Twin Gabriel Till Exit Franka Hörnschemeyer Joannis Avramidis
Fotos:	Stefan Erfurt

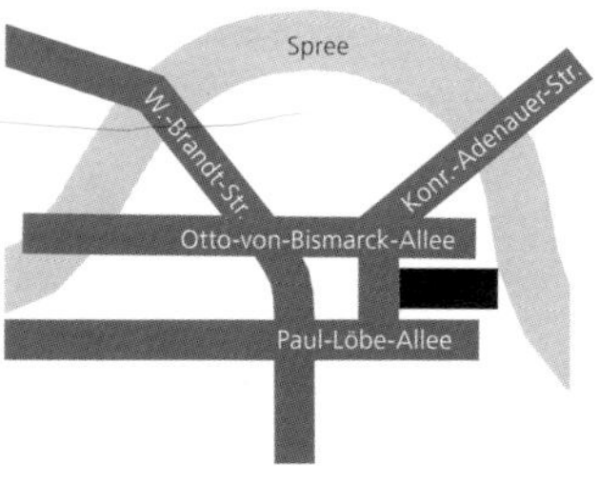

Adelheid Schönborn, München

Als Teil des Band des Bundes begrenzt das Paul-Löbe-Haus den Freiraum des Bürgerforums und wagt auf östlicher Seite mit einer schwindelerregenden Brücke den Sprung über die Spree zum Marie-Elisabeth-Lüders-Haus. Es symbolisiert mit dieser Geste die Wiedervereinigung der einst geteilten Stadt am Ort des einstigen Grenzverlaufes. In dem Parlamentsgebäude tagen die Ausschüsse des deutschen Bundestages und es beherbergt die Arbeitsräume der Vorsitzenden und deren Sekretariate. Benannt wurde das Haus nach einem bedeutenden Vertreter des deutschen Parlamentarismus aus der Zeit der Weimarer Republik und der frühen Bundesrepublik. Am Bauplatz des Paul-Löbe-Hauses befand sich einst das Alsenviertel, ein Wohnort des gehobenen Bürgertums. Das Quartier fiel den hochtrabenden Plänen der Nationalsozialisten zum Opfer und wurde abgerissen, um Platz für das geplante Zentrum der Welthauptstadt „Germania" zu schaffen.
Der Münchner Architekt Stephan Braunfels erbaute das 200 Meter lange Gebäude, das an einen doppelseitigen Kamm erinnert. Vor den Sitzungssälen, die in den gläsernen Rundtürmen untergebracht sind, liegen die um 3,20 Meter abgesenkten, annähernd quadratischen Gartenhöfe. Die Gestaltung der acht Höfe repräsentiert die Schnittstelle zwischen Kunst und Landschaftsarchitektur mit überzeugendem Ergebnis. Zahlreiche Künstler entwickelten ihre Arbeiten in Zusammenarbeit mit der Landschaftsarchitektin Adelheid Schönborn im Rahmen des Kunst-am-Bau-Programmes. Die gärtnerische Grundausstattung der Höfe besteht aus weißem Kies und formal geschnittenem Grün wie Eibe und Buchsbaum. Die inhaltliche Bespielung variiert gemäß der beteiligten Künstler.
So stellt beispielsweise das Künstlerduo Twin Gabriel zwei Büsten in den Mittelpunkt des Raumes. In den Farben hellgelb und rosé präsentieren sich die aus Teflon

Oben und unten Mitte:
Plexiglas-Kuben von Till Exit;
unten links: „Lichtschleife
mit Datumsgrenze“ von
Jörg Herold; unten rechts:
„Kopf mit tiefenräumlichen
Flächen I“ von Joannis
Avramidis.

*

Tiefhöfe Paul-Löbe-Haus

gestalteten Rundumprofile als „Deutscher 1 und Deutscher 2". Johann Wolfgang von Goethe und ein deutscher Schäferhund stehen Pate für die bürgerliche Heroenverehrung und das ständige Bemühen der Deutschen um Selbstvergewisserung. Doch erst das Sonnenlicht identifiziert die beiden Skulpturen als Dichter und Hund. Denn ihre Profile sind ausschließlich im Schattenwurf zu erkennen.
Auch Jörg Herold nutzt das Sonnenlicht zum Dechiffrieren seiner Arbeit. Die Installation „Lichtschleife mit Datumsgrenze" zeichnet sich durch zahlreiche, im Boden eingelassene Betonscheiben aus, deren runde Form sich aus der Geometrie der Architektur ableitet. Eingestanzt in den dunkelgrünen Buchsbaumteppich trägt jede Scheibe ein Datum aus der Deutschen Geschichte. Ein kleiner Spiegel an der Fassade des Gebäudes lenkt das Sonnenlicht wie einen Spot auf die einzelnen Betonscheiben und rückt sie so aus dem Schatten der Geschichte. Die Daten wurden so gewählt, dass sie historische Ereignisse benennen, die der Öffentlichkeit zumeist unbekannt sind. Damit versucht der Künstler, die scheinbar geradlinigen Geschichtsverläufe und vorgegebenen Deutungsmuster aufzubrechen.
Die Gestaltung von Franka Hörnschemeyer kommt gänzlich ohne Grün aus. Ein Irrgarten aus Schalelementen in rot und gelb ersetzt das klassische Heckenlabyrinth. Die Struktur zeichnet die Grundrisse aus der näheren Umgebung nach und überlagert damit mehrere Zeitschichten. Mit ineinander verschränkten Abbildern von Mauerstreifen, ehemaligen Grenztruppenbaracken, Hundezwingern oder des Paul-Löbe-Hauses, verweist sie auf die politische Entwicklung des Gebietes.
Leider kamen die geplanten Informationstafeln zu den künstlerischen Arbeiten nicht zur Ausführung, weshalb sich der Gehalt der zum Teil vielsagenden Arbeiten dem unbedarften Besucher nur unzureichend erschließt.

Franka Hörnschemeyer baute ein Raumlabyrinth aus Schalelementen. Sie verschnitt die Grundrisse des ehemaligen Mauerverlaufs und Bauten oder Hundezwingern der DDR-Grenze mit dem Grundriss des Paul-Löbe-Hauses.

„Deutscher 1 und Deutscher 2" vom Künstlerduo Twin Gabriel: Der Schattenwurf der Skulpturen zeichnet die Profile von Goethe und einem deutschen Schäferhund in den Kies.

12 Platz der Republik

Lützow 7, Berlin

Lage:	Scheidemannstraße Paul-Löbe-Allee
Bezirk:	Tiergarten
ÖPNV:	S-Bhf. Hauptbahnhof- Lehrter Stadtbahnhof
Zugang:	frei
Bauzeit:	Bundesrepublik Deutschland und Land Berlin, vertreten durch DSK Deutsche Stadt- und Grundstücksentwicklungsgesellschaft mbH
Baukosten:	5 000 000 Euro
Fläche:	90 000 qm
Fotos:	Lützow 7 Erik-Jan Ouwerkerk

Mit dem Fall der Berliner Mauer erwachte die Freifläche vor dem ehemaligen Reichstag aus einem jahrzehntelangen Dornröschenschlaf. Unvermittelt fand sich der Ort in einem völlig neuen Kontext wieder. Als Teil des Regierungsviertels besteht seine Aufgabe darin, der Demokratie einen angemessenen Ausdruck zu verleihen. „Dieses geschieht weniger in der Repräsentation der demokratischen Institutionen als vielmehr darin, die Entfaltung des Demos im öffentlichen Raum zu fördern", so die Landschaftsarchitekten von Lützow 7. Damit haben sie eine gute Entscheidung getroffen, denn sie bestärken und fördern die längst stattgefundene Aneignung des Freiraums durch die Bürger. Der Platz der Republik ist und bleibt beliebter Treffpunkt für Freizeitfußballer, Müßiggänger und Picknicker.
Mit ausdrucksstarken Solitärbäumen kündigt sich der angrenzende Lenné'sche Tiergarten bereits auf dem Platz der Republik an. Der bedeutungsschweren Architektur der Umgebung wird dort landschaftliche Leichtigkeit entgegengesetzt. Streng geschnittene Heckenbosketts fassen die zentrale Rasenfläche und geben dem Herzstück des Platzes einen würdigen Rahmen. In Anlehnung an das freiräumliche Gesamtkonzept Spreebogen bleiben die rhythmisch angeordneten Bosketts in nord-südlicher Richtung transparent, während sie von Westen betrachtet als geschlossenes Band auf die Türme des Parlamentsgebäudes zulaufen. Ein kunstvoll angesetzter Schnitt graviert auf der gesamten Länge einen weichen Schwung in die Heckenkörper und bringt die vordergründige Strenge ein wenig in Unordnung.
Zum Haus der Kulturen der Welt wirft die Rasenfläche plötzlich weiche Falten auf. Die Baumgruppen verdichten sich und formen als Gegenspieler zum Bundestag eine streng gefasste Skulpturenwiese. Dort kann die Bildende Kunst ungestört mit der Demokratie in Dialog treten.

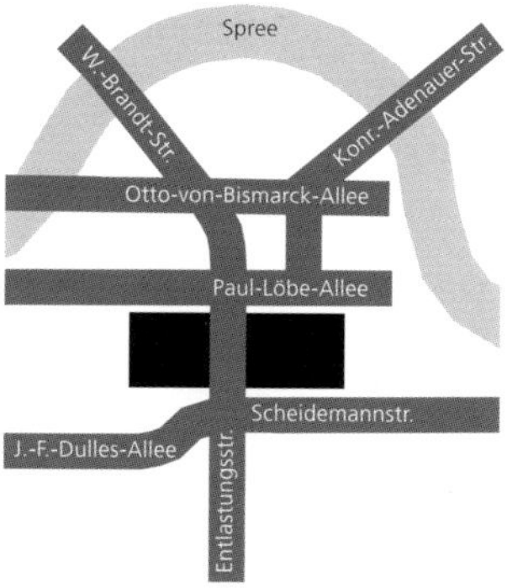

Als weite Ebene liegt der Platz der Republik vor dem Reichstag. Die Heckenbosketts sollen unabhängig vom Geländeniveau auf dieselbe Höhe geschnitten werden. Flache Stufen überbrücken den Höhenunterschied zum Kanzleramt.

Der Tiergarten reicht von Süden bis an das Regierungsviertel heran, während die Raumkanten und Alleen am Band des Bundes eine repräsentative Kulisse schaffen. Blickbeziehungen in den Tiergarten hinein verstärken das Gefühl von Großzügigkeit auf dem Platz.

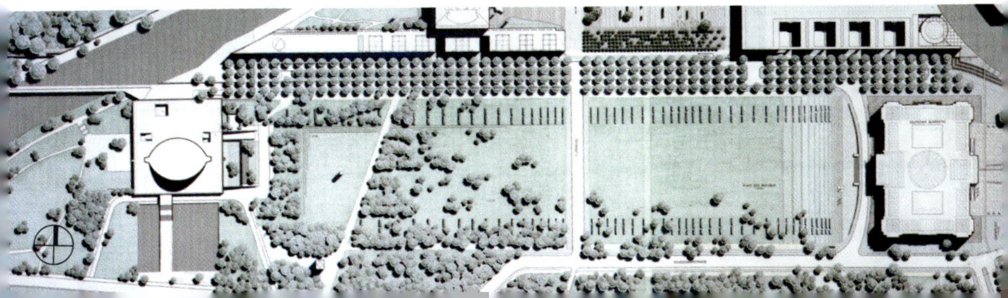

13 Friedrich-Ebert-Platz

Lützow 7, Berlin

Lage:	Scheidemannstraße Reichstagsufer
Bezirk:	Mitte
ÖPNV:	S-Bhf. Unter den Linden
Zugang:	frei
Bauzeit:	2002
Bauherr:	Land Berlin Senatsverwaltung für Bauen und Wohnen
Baukosten:	2 800 000 Euro
Fläche:	10 000 qm
Fotos:	Erik-Jan Ouwerkerk Nicole Uhrig Lützow 7

Zunächst präsentiert sich der Friedrich-Ebert-Platz recht unspektakulär. Wie ein steinerner Teppich rollt er sich vor dem wuchtigen Bau des Deutschen Bundestages aus und erfüllt seine repräsentative Pflicht. Nur einzelne Steine lösen sich aus dem im Maxi-Format gewebten Granit-Teppich heraus und erheben sich rebellisch zum schwebenden Monolithen.
Doch mit Einbruch der Dämmerung kehren sich die Vorzeichen des über Tag so unscheinbaren Platzes um. Plötzlich rückt er sich ins rechte Licht und zieht alle Aufmerksamkeit auf sich. Mit der scheinbar bloßen Kraft des Lichtes überwinden die schwebenden Steine nun vollends die Schwerkraft, als wollten sie die Erde jeden Moment mit Lichtgeschwindigkeit verlassen.
Als Entree des Bundestages muss der Platz nicht nur repräsentativen, sondern auch zahlreichen funktionalen Anforderungen gerecht werden. Da Raum für Mensch und Fahrzeug benötigt wurde, verzichtete man weitestgehend auf die Bepflanzung des Platzes. Über eine unterirdische Verbindung gelangt man vom Bundestag unbehelligt und trockenen Fußes zum Jakob-Kaiser-Haus. Die Spur des Tunnels zeichnet sich auf dem Platz als Glasintarsie ab und bricht die streng orthogonale Geometrie, die sich vornehmlich an den Strukturen des geschichtsträchtigen Reichstagsgebäudes orientiert. Alte Charlottenburger Gehwegplatten rahmen das Gebäude und schlagen mit der Markierung des ehemaligen Mauerstreifens eine Brücke zur Geschichte des Ortes.
Auch in diesem Projekt frönen Lützow 7 dem subtilen Spiel der Unordnung in der Ordnung, das schon fast zum Markenzeichen des Büros geworden ist. Erst beim genauen Hinsehen stellt sich der geometrisch nüchternen Gestalt des Friedrich-Ebert-Platzes eine freie Form entgegen. In bildhauerischer Manier wurden die Oberflächen der monolithischen Steinplatten liebevoll in ein organisch bewegtes Bild verwandelt.

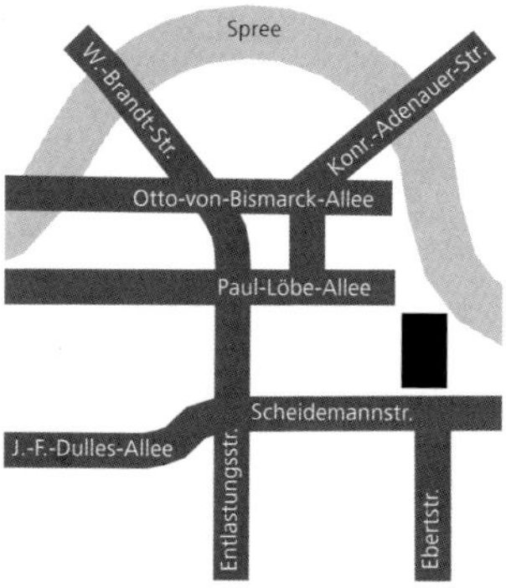

Der Platz wurde so weit wie möglich von vertikalen Elementen freigehalten. Flache Steine scheinen über dem Plattenbelag zu schweben.

In nördlicher Richtung reicht der Platz über eine großzügige Treppenanlage bis an die Spree heran.

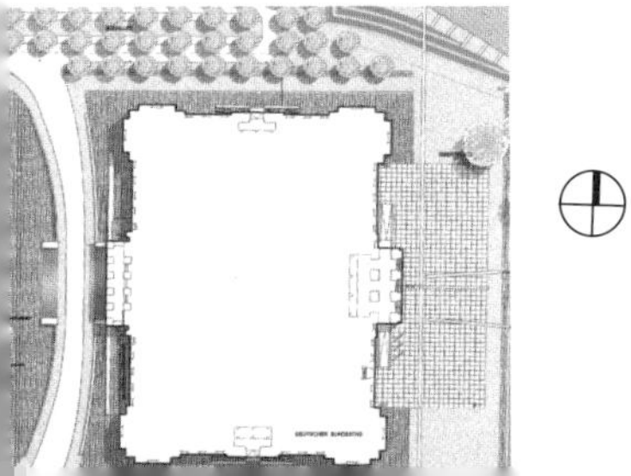

14 Grundgesetz 49 Außenanlagen Jakob-Kaiser-Haus

Dani Karavan, Tel Aviv/Paris/Florenz

Lage:	Wilhelmstraße Reichstagsufer
Bezirk:	Mitte
ÖPNV:	S-Bhf. Unter den Linden
Zugang:	auf Anfrage gut einsehbar
Bauzeit:	2003
Bauherr:	Deutscher Bundestag
Fläche:	ca. 1000 qm
Fotos:	Jens Liebchen Nicole Uhrig

Nähert man sich dem Jakob-Kaiser-Haus vom Spreeufer aus, offenbart sich zunächst ein abstraktes Bild weitläufiger Wortlandschaften. Doch unversehens befindet man sich Auge in Auge mit dem deutschen Grundgesetz. Auf 19 Glastafeln werden die 19 Grundrechte in der Fassung aus dem Jahre 1949 zitiert. Die Buchstaben wurden im Laserverfahren in das Glas graviert und wirken äußerst plastisch. An dem geschichtlich sensiblen Ort des ehemaligen deutsch-deutschen Grenzverlaufes materialisieren sich die 19 Grundrechtsartikel und schlagen einen weiten Bogen: von der Kunst zur Politik, von Ost nach West, von Berlin nach Bonn. Sie erinnern an die schwierigen Gründungsjahre der deutschen Demokratie und veranschaulichen sowohl deutschen Bürgern als auch ausländischen Gästen die tragenden Grundprinzipien des deutschen Staates.
Trotz der sicherheitstechnisch notwendigen Abgeschlossenheit der Freifläche schafft die Transparenz der gläsernen Einfriedung den optischen und damit auch inhaltlichen Brückenschlag zum Spreebogen. Die strahlenförmige Struktur der stahlgefassten Rasenstreifen schiebt sich unter den Glasplatten hindurch bis zur Spree und unterstreicht diese Absicht des Verbindens. In diesem Sinne wagt auch einer der Alleebäume am Spreeufer den Grenzsprung, um sich als Solitär im Hof des Parlamentes zu präsentieren.
Vom Jakob-Kaiser-Haus führt eine stählerne Treppe hinauf ins Freie. Sie endet abrupt vor sechs monumental und archaisch anmutenden Cortenstahlsäulen, welchen neben ihrer kräftigen Raumwirkung die Aufgabe zukommt, die darunter liegende Tiefgarage zu entlüften.
Dani Karavan begreift das stadträumliche Ensemble von Parlamentsgebäude, Hoffläche, Spreebogen und Promenade als ästhetische Einheit und bewegt sich mit diesem Kunst-am-Bau-Projekt im Spannungsfeld zwischen Architektur, Land Art und Konzept-Kunst.

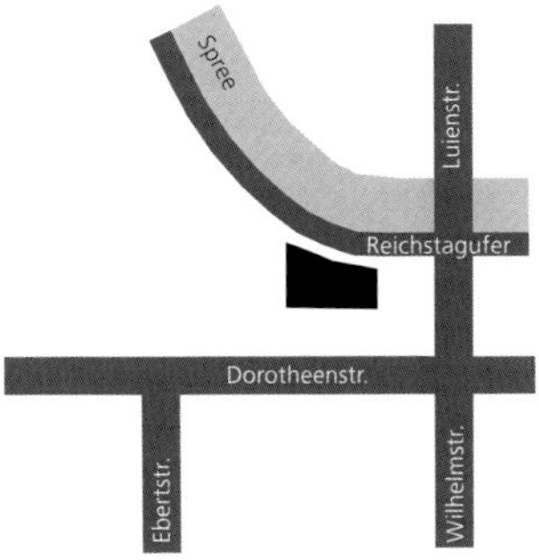

19 Glastafeln am Jakob-Kaiser-Haus geben die Grundrechte in der Originalfassung von 1949 wieder.

Rasen- und Stahlstreifen schieben sich vom Hof unter den Glaswänden hindurch bis an das Spreeufer heran.

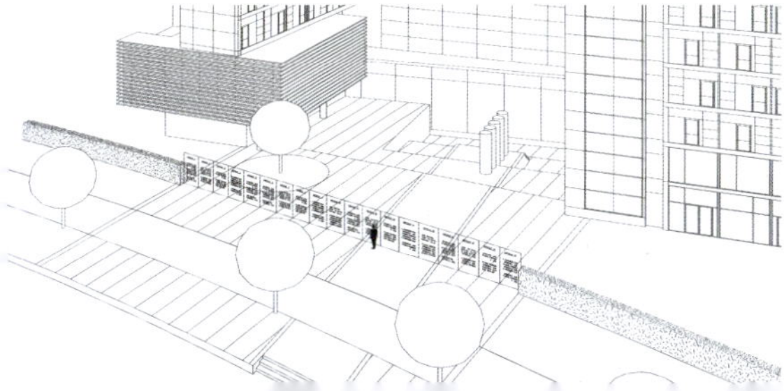

15 Innenhof Jakob-Kaiser-Haus

WES & Partner, Hamburg

Lage:	Wilhelmstraße Reichstagsufer
Bezirk:	Mitte
ÖPNV:	S-Bhf. Unter den Linden
Zugang:	auf Anfrage gut einsehbar
Bauzeit:	2002
Bauherr:	Bundesbaugesellschaft Berlin mbH Planungsgesellschaft Dorotheenblöcke mbH
Baukosten:	1 000 000 Euro
Fläche:	1 500 qm
Fotos:	WES & Partner Nicole Uhrig

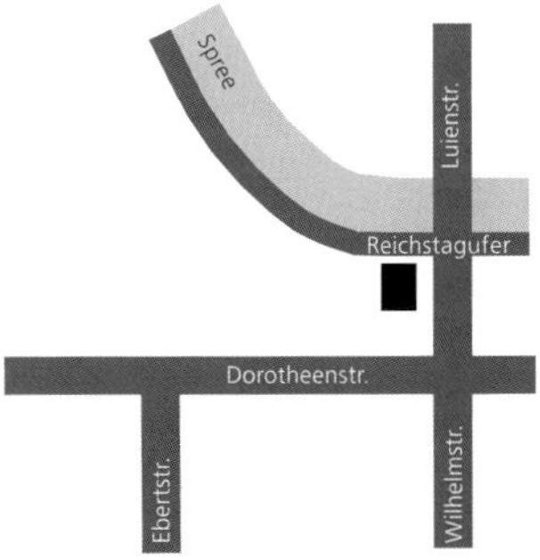

Fünf Architekturbüros waren an der Planung des Jakob-Kaiser-Hauses, das in seiner Blockstruktur drei denkmalgeschützte Altbauten integriert, beteiligt. Insgesamt sind unter einem Dach acht eigenständige Gebäude und eine Reihe interessanter Innenhofgestaltungen und Kunst-am-Bau-Projekte entstanden.
In direkter Nachbarschaft zu Spree und Reichstag, umgeben von monumental geprägten Gesten und Artefakten wartet der „Eindringendes Spreewasser" genannte Hof mit einer unerwartet landschaftlichen Metapher auf. Den Spaziergänger am Reichstagsufer erwartet am Rande eines dezenten Gebäuderücksprunges ein echter Hingucker. Bevor der Blick dem leisen Wassergeräusch in den tiefgelegenen Raum folgt, zieht zunächst die geflutete Brüstung alle Aufmerksamkeit auf sich. Dem Forscherdrang der Hände kann man sich nur sehr schwer entziehen.
Ein Wasserfall, der malerische Habitus gewaltiger Kiefern und mächtige Granitblöcke zeichnen ein spektakuläres Naturbild in den übersichtlichen Innenhof. Und tatsächlich: Kein Geringerer als Caspar David Friedrich lieferte die Vorlage zu dem naturgewaltigen Szenario. Doch von echter Landschaft und Natur fehlt jede Spur. Das eigentlich Interessante der Arbeit ist nämlich nicht das intendierte Zitat einer nordischen Flusslandschaft, sondern erst das zwischen Natürlichkeit und Künstlichkeit erzeugte Spannungsfeld dieser in Stahl und Glas eingelegten Landschaftsintarsie.
Die Assoziation des eindringenden Spreewassers erschließt sich dem unbedarften Betrachter nur schwer. Dazu ist die Entfernung zwischen Wasserspiegel der Spree und dem Punkt des Wassereintritts einfach zu groß und die Umsetzung an dieser Stelle nicht konsequent genug. Es bleibt ferner zu hoffen, dass sich die trockenheitsliebenden Kiefern an dem feuchten Standort dauerhaft behaupten können.

Hochgewachsene Kiefern und aufgespaltene Granitblöcke zitieren eine nordische Flusslandschaft.

Als Teil des Deutschen Bundestages befindet sich das Jakob-Kaiser-Haus inmitten der historisch bedeutsamen Dorotheenstadt, einer der ältesten barocken Stadterweiterungen Berlins.

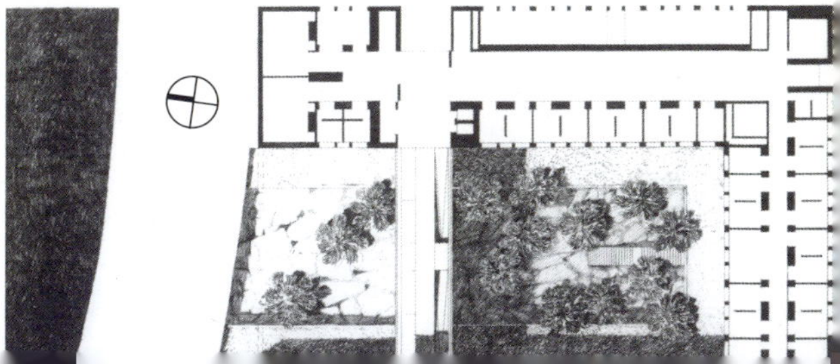

16 Außenanlagen Bundesfinanzministerium

Regina Poly, Berlin

Lage:	Wilhelmstraße Leipziger Straße
Bezirk:	Mitte
ÖPNV:	S/U-Bhf. Potsdamer Platz
Zugang:	auf Anfrage
Bauzeit:	1999 bis 2001
Bauherr:	Bundesbauamt Berlin
Baukosten:	3 000 000 Euro
Fläche:	28 000 qm
Fotos:	Büro Poly

Das ehemalige Reichsluftfahrtministerium ist das markanteste Relikt des einstigen Regierungsviertels an der Wilhelmstraße. Ernst Sagebiel entwarf die Architektur, welche die Sachlichkeit der 1920er Jahre mit dem monumentalen Gestus der nationalsozialistischen Auftraggeber verband. Innerhalb einer Rekordbauzeit von nur zehn Monaten wurden auch die Außenanlagen des Gebäudes gleich mitgeplant und ausgeführt. In strenger Nüchternheit beschränkten sich seinerzeit die beiden großen Innenhöfe auf eine steinerne Fläche mit abgesenktem Mittelteil und stilisiertem Treppenaufgang.
Der Geist des Ortes wurde inzwischen rundum erneuert. Der Entwurf von Regina Poly begegnet der bleischweren deutschen Geschichte mit subversivem Scharfsinn. Systematisch wird die steinerne Schicht aufgebrochen, zerkleinert oder umwuchert und bekommt einen grünen Diskussionspartner an die Seite gestellt. Die vorhandene Eigenart des Außenraums wurde an nur wenigen Stellen verändert. Sämtliche Entwurfsthemen wurden aus der Gestalt des Vorhandenen entwickelt und spiegeln den Arbeitsprozess wider, der im Aufbrechen, Verwandeln und neu Zusammensetzen besteht. Die vormals steinerne Fläche der Innenhöfe wird durch Rasterfelder aus Buchsbaum aufgebrochen. Jahreszeitlich wechselnde Blüten von Herbstanemonen, Tulpen, Azaleen und Kastanienbäumen bereichern das strenge Immergrün. Zwei nahezu frei angeordnete Schnurbäume definieren Orte, die gelegentlich blau-weiß bestuhlt als einladende Geste zu verstehen sind. Auch dort kehrt das Thema des gebrochenen Steins in der Schotterdecke wieder. Das Pflaster des Ehrenhofes an der Wilhelmstraße wurde rekonstruiert, die geborstenen Platten aufgenommen und als Schrittplatten im rückwärtig gelegenen Garten neu verlegt. Asymmetrisch gesetzte Fahnenmasten kontern die gewissenhafte Symmetrie des Hofes. Nun weht ein ganz anderer Wind.

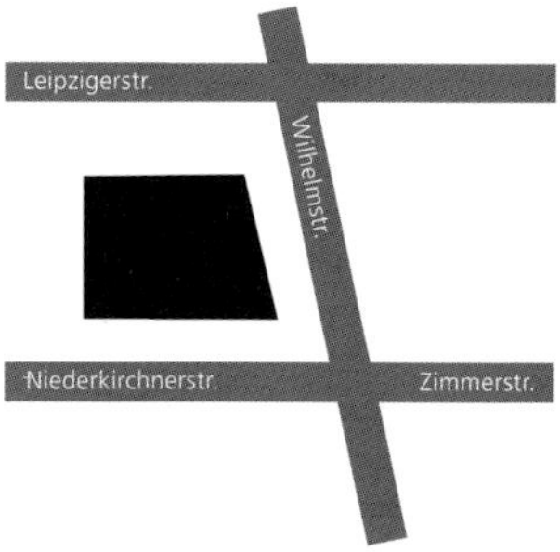

Während einige Bereiche im Sinne des ursprünglichen Charakters rekonstruiert wurden, wurde an anderer Stelle stark überarbeitet, um neuen Nutzungsansprüchen gerecht zu werden.

Nach dem Krieg wurde das Reichsluftfahrtministerium von verschiedenen DDR-Behörden genutzt, 1990 zog für einige Jahre die Treuhand-Anstalt ein, seit 1999 ist es Sitz des Bundesfinanzministeriums.

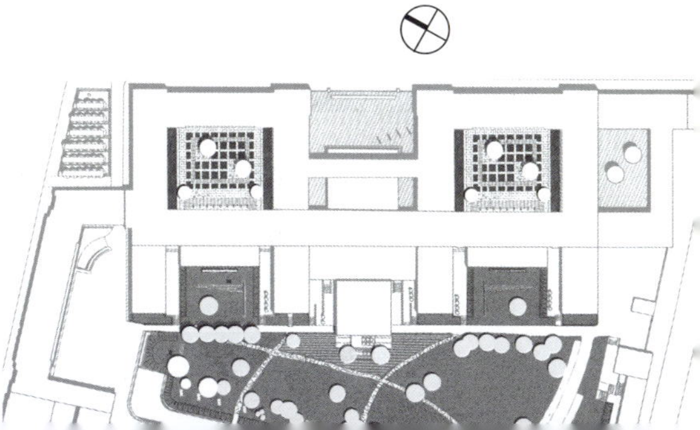

17 Tilla-Durieux-Park

DS landschapsarchitecten, Amsterdam

Lage:	Stresemannstraße Reichpietschufer Linkstraße
Bezirk:	Tiergarten
ÖPNV:	S/U-Bhf. Potsdamer Platz
Zugang:	frei
Bauzeit:	2002 bis 2003
Bauherr:	Bezirksamt Mitte/ Tiergarten, Berlin
Baukosten:	2 250 000 Euro
Fläche:	25 000 qm
Mitwirkender Landschafts-architekt:	T. M. Dietrich, Berlin
Industrie-Design:	Buitenom, Amsterdam
Fotos:	Aeliane van den Ende Jens Schulz DS landschapsarchitecten

Selten hat ein Park die Meinungen der Berliner so sehr gespalten wie dieser. Die lokale Presse übertraf sich selbst in ihrer Polemik. Die einen sprachen vom „Wahnsinn der Maulwürfe", von „Grüner Ödnis und Einfallslosigkeit", die anderen fanden ihn „zum Hinlegen schön". Möglicherweise liegt der Grund aller Diskussion schlichtweg in der irreführenden Namensgebung. Beim Tilla-Durieux-Park, benannt nach einer Schauspielerin und Widerstandskämpferin gegen das NS-Regime, handelt es sich weniger um einen Park im klassischen Sinne, sondern vielmehr um eine Landschafts-Skulptur, ein grünes Artefakt. Ein Angebot, das die Menschen verführen möchte, Dinge zu tun, die sie sonst nicht machen, wie es die Autoren des Entwurfes formulieren. Ein gewaltiger Rasenkörper wurde auf 450 Metern Länge um die eigene Längsachse gedreht. Die steilsten Böschungen erreichen dabei eine Höhe von fast vier Metern. Es ist ein waghalsiges Stück Freiraum, welches sich mit großem Selbstbewusstsein der dominanten Architektur am Potsdamer Platz entgegenstemmt. Wie ein überdimensionaler Liegestuhl eignet sich der Rasen hervorragend zum Entspannen, während die seitlich angelegten Promenaden den geruhsamen Spaziergang erlauben. Eifrige Kletterer hingegen werden mit einem weiten Blick in die umgebende Stadtlandschaft und künftig auch zum neuen Park am Gleisdreieck belohnt. Inmitten der Rasenskulptur schafft ein breiter Einschnitt Raum für fünf 21 Meter lange Wippen. Die Wippen wurden exakt so positioniert, dass die Besucher die Bewegung des in sich gedrehten Rasenkörpers spielerisch nachvollziehen können.
Die driftenden Rasenschollen des benachbarten Henriette-Herz-Parks (siehe Seite 42) wurden von DS landschapsarchitecten und dem israelischen Bildhauer Shlomo Koren entwickelt. Sie bedienen sich dort einer ähnlichen Gestaltungssprache.

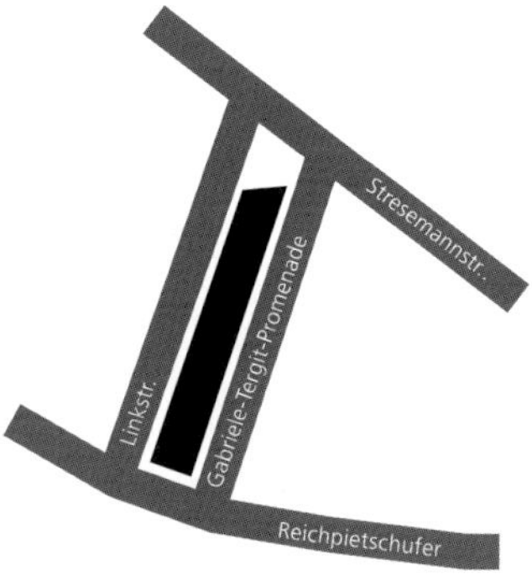

Den Standort des ursprünglich geplanten Kita-Spielplatzes besetzen nun fünf lange Wippen.

Bis zu vier Meter schiebt sich die Rasenskulptur in die Höhe. Im Sommer nutzen die Berliner rege die Möglichkeit, sich auf den Hängen zu sonnen.

Der Tilla-Durieux-Park und der benachbarte Henriette-Herz-Park sind als Gesamtkonzept zu verstehen.

*

18 Henriette-Herz-Park

AG DS landschapsarchitecten, Amsterdam
Shlomo Koren, Amsterdam

Lage:	Bellevuestraße Lennéstraße
Bezirk:	Tiergarten
ÖPNV:	S/U-Bhf. Potsdamer Platz
Zugang:	frei
Bauzeit:	2001 bis 2002
Bauherr:	Bezirksamt Mitte/ Tiergarten, Berlin
Baukosten:	850 000 Euro
Fläche:	10 000 qm
Mitwirkender Landschafts-architekt:	T. M. Dietrich, Berlin
Fotos:	Daniël Koning DS landschapsarchitecten

In nächster Nähe, zwischen Sony-Center und Tiergarten, liegt der nach einer Berliner Salondame der Frühromantik benannte Henriette-Herz-Park. Gemeinsam mit dem Tilla-Durieux-Park wird damit ein grünes und zugleich städtisches Bindeglied zwischen dem historisch bedeutsamen Tiergarten und dem künftigen Park auf dem Gleisdreieck geschaffen. Die räumliche Offenheit der Anlage ist dem Ziel geschuldet, die Blickbeziehung zwischen Potsdamer Platz und Tiergarten aufrecht zu erhalten. Der zunächst vorgesehene Entwurf für einen steinernen Stadtplatz an dieser Stelle musste allerdings auf Wunsch der Auftraggeber und Anlieger zugunsten einer „grünen Lösung" überarbeitet werden.
Driftende Rasenschollen, in roten finnischen Granit gefasst, stehen für die Brüche und Veränderungen der Berliner Geschichte. Dieses Motiv der tektonischen Verwerfungen und der wiedergewonnenen Bewegung zwischen Ost und West wurde gemeinsam mit dem israelischen Bildhauer Shlomo Koren entwickelt, welcher seine Arbeit selbst als „gebrochene Erde" betitelt.
Schmale Wege durchkreuzen die vier angeschrägten schollenartigen Rasenflächen, irritieren den Blick und verursachen ein durchaus interessantes Raumerlebnis, da sich die Höhe und Richtung der einzelnen Flächen während des Durchschreitens kontinuierlich verändert. Das Grün des Rasens und das Rot der steinernen Einfassung und des Wegebelages bestimmen das ruhige und reduzierte Bild des Platzes. Lediglich im Frühjahr bereichern kleine Blausterne die Farbpalette.
Auf Ausstattungselemente und übliches Freiraummobiliar wurde im Hinblick auf die eher konzeptionell und skulptural angelegte Arbeit glücklicherweise verzichtet. Die nächstmöglichen Sitzgelegenheiten sind den umlaufenden Straßen zugeordnet. Für das entspannte Pausengespräch im Grünen eignen sich allerdings der benachbarte Tilla-Durieux-Park oder der Tiergarten ohnehin besser.

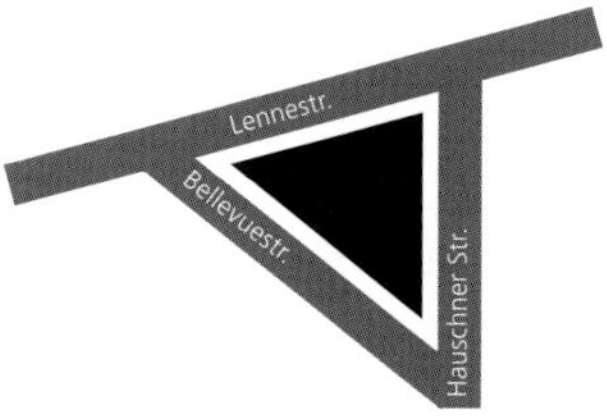

Die granitgefassten Schollen des Henriette-Herz-Parks sind eine Metapher für den Bruch zwischen Ost und West.

Dem Konzept liegt die Assoziation eines zerbrochenen Tellers zugrunde.

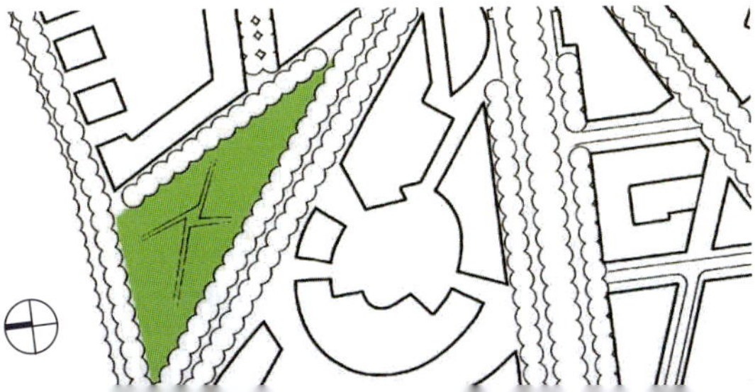

19 Sony Center

Peter Walker, William Johnson + Partners, Berkeley/California

Lage:	Potsdamer Straße Bellevuestraße
Bezirk:	Tiergarten
ÖPNV:	S/U-Bhf. Potsdamer Platz
Zugang:	frei
Bauzeit:	1999 bis 2000
Bauherr:	Sony Corporation
Baukosten:	9 200 000 US Dollar
Fläche:	30 000 qm
Mitwirkender Landschafts-architekt:	Rheims + Partner
Fotos:	Peter Walker and Partners

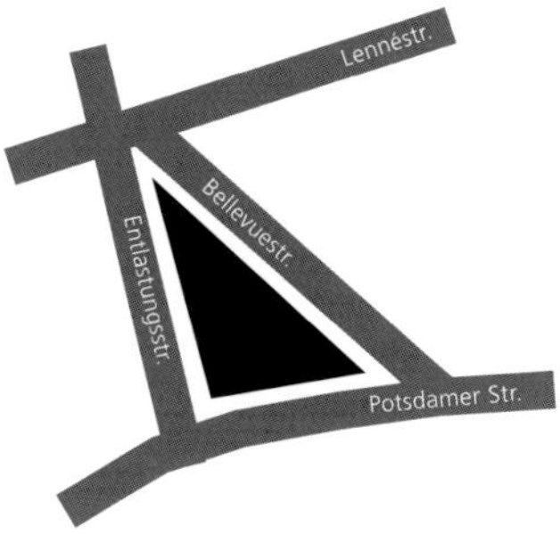

Das Sony-Center ist Wohn- und Bürokomplex, kulturelles Forum, Entertainment- und Shopping-Meile. Und alles unter einem Dach. In puncto städtebaulicher Einbindung muss man dem egozentrischen Stück Stadt unter der außergewöhnlichen Zeltdach-Konstruktion durchaus autistische Züge bescheinigen. Andersherum betrachtet, verträgt der kritische Rekonstruktionsdschungel Berlins durchaus eine frische Brise solch eigenwilligen Formats.
Das dort zum Einsatz gekommene Modell der innigen Verschmelzung kommerzieller and städtischer Funktionen schafft einen hybriden Stadtraum, der die Trennung zwischen privatem und öffentlichem Raum weitgehend aufhebt. Die Marketingstrategie zählt darauf, dem Besucher einen angenehmen Aufenthalt in einer bunten Erlebniswelt zu bieten, um durch die Hintertür schlummernde Potenziale der Kauflust zu wecken.
Peter Walkers artifizielle Freiraumwelten passen dort sehr gut ins Konzept. Der grafische Entwurf für die zentrale Plaza verlässt sich ganz auf die Kraft der abstrakten Form und kann ohne weiteres auf Naturzitate verzichten. Nicht einmal der niedrige Teppich aus Buchsbaum ist unabkömmlich, ein Kunstrasen hätte es auch getan. Der Entwurf bleibt stimmig. „Je abstrakter die Form, desto unmissverständlicher die Aussage." Im Sinne dieses Credos arrangiert Peter Walker mit elementaren Formen und dem Spektrum der Grundfarben eine Hommage an Wassily Kandinsky und seine konstruktivistischen Kompositionen.
Mobile Elemente und Pflanzbeete sollten den Raum so flexibel wie möglich gliedern und die Rolle der Farbakzente übernehmen. Obwohl das Farbkonzept in dieser Form noch bis heute auf seine Umsetzung wartet, mangelt es keineswegs an Farbigkeit. Bislang wetteifern bunte Werbebotschaften mit dem Corporate Design ansässiger Unternehmen und Architekturen. Allen voran macht das etwas zu aufdringlich geratene Farbenspiel des Zelt-

In einem engen Streifenmuster verbindet sich glattglänzendes Metall mit rauem Stein. Die gegensätzlichen Materialien symbolisieren den hybriden, kommerziell-städtischen Charakter des Ortes.

Das Sony Center am Potsdamer Platz ist eines der prestigeträchtigsten Großprojekte der neuen Berliner Landschaftsarchitektur.

*

Sony Center

daches bei Nacht schon von weitem auf sich aufmerksam, indem es im 3-Minuten-Takt Morgen- und Abenddämmerung simuliert.
Die bunten Botschaften profitieren natürlich ausnahmslos von dem farbsteigernden Hintergrund, einem dunklen Bodenbelag in neutralem Grau. Wie ein Teppich schiebt sich die Struktur unter den umliegenden Gebäuden hindurch und macht aus dem heterogenen Ensemble zumindest im Grundriss eine Einheit. Einzig das Muster aus blauen Lichtlinien erlaubt sich aus der strengen, strukturellen Vorgabe auszubrechen. Es positioniert sich diagonal zur linearen Ordnung und entzieht sich dem Gesamtzusammenhang, um eigenen Gesetzen zu gehorchen. Das Ziel der scheinbar richtungsweisenden Leitlinien erschließt sich nicht, denn das Leiten war gar nicht ihre Absicht. Der Strukturverlauf des Grundmusters hingegen nimmt eindeutig Bezug auf die Neue Potsdamer Strasse und leitet die Besucher zweifelsfrei von dort zum Zentrum des Sony Centers.
Dreh- und Angelpunkt der Plaza ist die spannungsvolle Komposition eines halbseitig freischwebenden Wasserbeckens. Ein massiver Einschnitt mit Buchsbaumrahmen eröffnet dort interessante Einblicke in die Tiefe und versorgt gleichzeitig das im Tiefgeschoss untergebrachte Kino mit einem Hauch natürlichen Lichts. Wie in einem Kaleidoskop überschneiden sich die Licht- und Farbreflexe und zeichnen ein komplexes Bild auf die von Wasserspielen bewegte Wasseroberfläche.
Außerhalb der Plaza spielt die Pflanze als raumbildendes Element wieder eine gewichtigere Rolle. Besonders in nord-östlicher Richtung verdichten sich einzelne Gruppen von Birken zur dichten Wolke, um den benachbarten Tiergarten anzukündigen. Leider gräbt der dazwischengeschaltete Henriette-Herz-Park mit seiner Kargheit dieser Geste gänzlich das Wasser ab. Ausgerechnet dort wurde von koordinatorischer Seite auf ein stringentes Gesamtkonzept verzichtet.

Die linearen Strukturen der Baumreihen und Edelstahlelemente überlagern das geometrische Grundraster.

20 Außenanlagen DKV Versicherung

TOPOTEK 1, Berlin

Lage:	Stresemannstraße 111
Bezirk:	Kreuzberg
ÖPNV:	S/U-Bhf. Potsdamer Platz
Zugang:	frei (zu Geschäftszeiten)
Bauzeit:	1998 bis 2000
Bauherr:	Eigentümergenossenschaft Allianz Lebensversicherung AG/DKV AG
Baukosten:	235 000 Euro
Fläche:	1 900 qm
Fotos:	Hanns Joosten

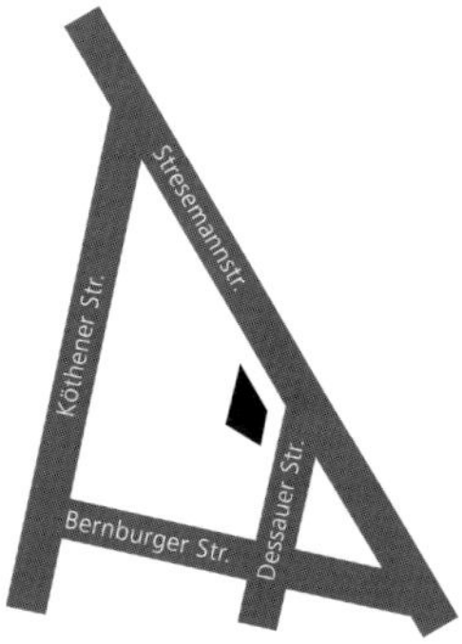

Der Zugang zum Innenhof des Verwaltungsgebäudes der DKV-Krankenversicherung lässt sich kaum übersehen. Elegant rollt sich ein roter Teppich aus und führt den Besucher sicher ans Ziel.
Die Orientierung im Hof des Gebäudeensembles aus Alt- und Neubau fällt nicht leicht. Dort kreuzen sich Tiefgaragenzufahrt, Gebäudezugang und Lieferverkehr. Diese Mehrfachnutzung der Flächen erfordert eine deutliche Sprache in der Außenraumgestaltung.
Die Entwurfsverfasser haben sich für ein radikales Statement entschieden und setzen alles auf eine Karte. Sie entwickeln eine grafische Asphaltlandschaft und reduzieren damit die Palette der Gestaltungsmittel in der Landschaftsarchitektur auf ein Minimum. Verschwenderisch und furchtlos im Umgang mit dem Medium Farbe wirkt das Ergebnis dieser Selbstbeschränkung eher üppig als reduziert. Die Straßengrafik der Verkehrsflächen unseres alltäglich präsenten Stadtraumes wird dort verfremdet und als künstlerisches Element in einen neuen Zusammenhang gebracht. Mitunter integrieren sich auch bekannte Motive in das abstrakte Muster, beispielsweise der Zebrastreifen, der den Fußweg vor der Tiefgarageneinfahrt markiert.
Als Grundthema greift der Entwurf die Strukturen der Neubaufassade auf. Das Spiel der Winkel, Flächen und gebrochenen Linien wird verstärkt und auf die Hoffläche projiziert. Alle Flächen des Raumgefüges sollen möglichst gleichwertig behandelt werden. So kommt dem Boden die Aufgabe als fünfte Fassade zu und selbst die Tiefgarage ist Teil des Konzeptes und wird zur bunten Projektionsfläche.
Auf dem farbneutralen, dunklen Asphalt erreichen die gewählten Markierungsfarben Gelb, Rot und Weiß ihre maximale Leuchtkraft und Kontrastwirkung.

Ein gelber Zebrastreifen auf rotem Untergrund markiert die Garagenzufahrt.

Die künstlerische Verfremdung der Verkehrsflächengrafik ist das Hauptmotiv des Entwurfes.

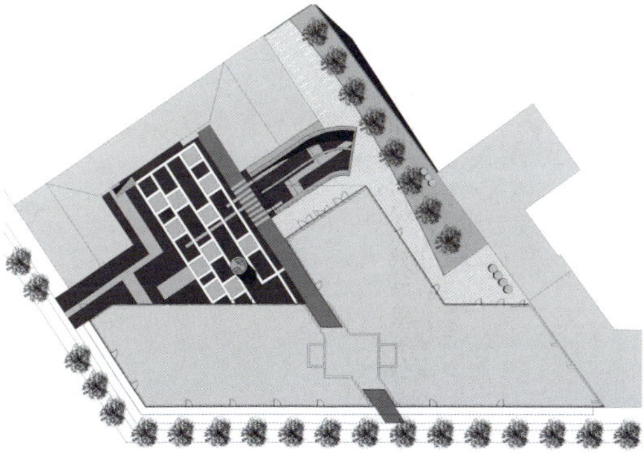

21 Gärten am Jüdischen Museum

Cornelia Müller und Jan Wehberg
in MKW i.L./Lützow 7, Berlin

Lage:	Lindenstraße 14
Bezirk:	Kreuzberg
ÖPNV:	U-Bhf. Hallesches Tor
Zugang:	frei, Garten des Exils über Museumsbesuch
Bauzeit:	1995 bis 1999
Bauherr:	Senat von Berlin
Baukosten:	1 700 000 Euro
Fläche:	20 000 qm
Fotos:	Erik-Jan Ouwerkerk Lützow 7

Planung Garten des Exils:
Daniel Libeskind

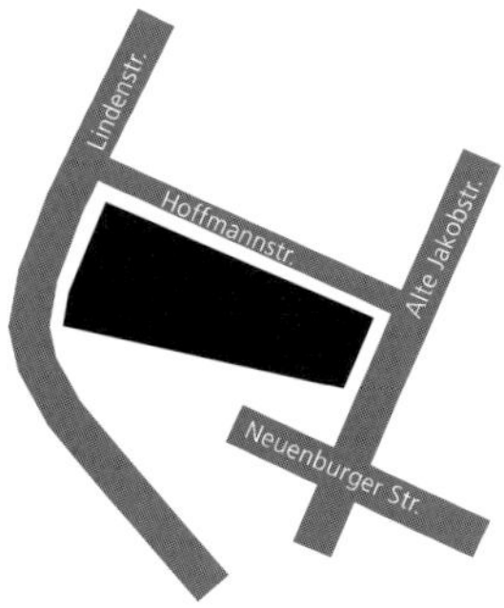

Das Jüdische Museum von Daniel Libeskind ist ohne Zweifel eines der spektakulärsten Beispiele zeitgenössischer Architektur in Berlin. Ein vielschichtiges Konzept aus philosophisch untermauerten Chiffren und Codes liegt dem metallisch schimmernden Bauwerk zugrunde, welches im Grundriss einem geborstenen Davidstern ähnelt.
Imaginäre Bezugslinien zur jüdischen Geschichte in Berlin zeichnen sich zunächst als wirres Linienmuster auf dem Gebäude und auf den Oberflächen des Geländes ab. Die vorwiegend im Gebäudeinneren implantierten „voids" drücken die Leere aus, die durch die Vernichtung der Juden in Europa entstanden ist. Sie machen den Verlust sicht- und greifbar und werden im Freiraum mit einzelnen Fundstücken jüdischer Geschichte markiert.
Aus der Feder Paul Celans Gemahlin stammt die grafische Vorlage zum Pflastermuster des Paul-Celan-Hofes, dem Anlieferungshof des Museums. Am anderen Ende des Grundstücks umschließt ein wild wuchernder Robinienwald einen kleinen Hain kultivierter Pflanzen und thematisiert hiermit den Kampf: Ungebrochene Kraft der Natur versus Kulturlandschaft und Paradiesgarten. Inmitten eines gerasterten Rosenhains – die Rose war die einzige Pflanze, die in den Mauern des historischen Jerusalems wachsen durfte – provoziert der E.T.A.-Hoffmann-Garten mit seiner Bodenneigung von zehn Prozent eine Art Desorientierung und thematisiert so das Erlebnis von Entwurzelung und Exil. Und das mit einem beeindruckenden Effekt. In seiner Mitte befindet sich der Garten des Exils. Dieser besteht aus 49, genauer gesagt aus 7 mal 7 Stelen, denn der Zahl Sieben kommt in der jüdischen Tradition eine große Bedeutung zu. In den Schaft der mächtigen Betonstelen wurden Ölweiden gepflanzt. Ein Symbol für Friede und Hoffnung. In den Garten gelangt man ausschließlich über das Museum, dessen Besuch zum tieferen Verständnis des Entwurfes ebenfalls auf dem Programm stehen sollte.

Die geneigten Stelen im E.T.A.-Hoffmanngarten des Jüdischen Museums symbolisieren Desorientierung und Entwurzelung.
Linien im Gebäude und in den Außenanlagen stellen Bezugslinien zur jüdischen Geschichte dar.

Viele Gedanken aus dem Architekturentwurf fanden Eingang in den Prozess der Gestaltung des Freiraums.

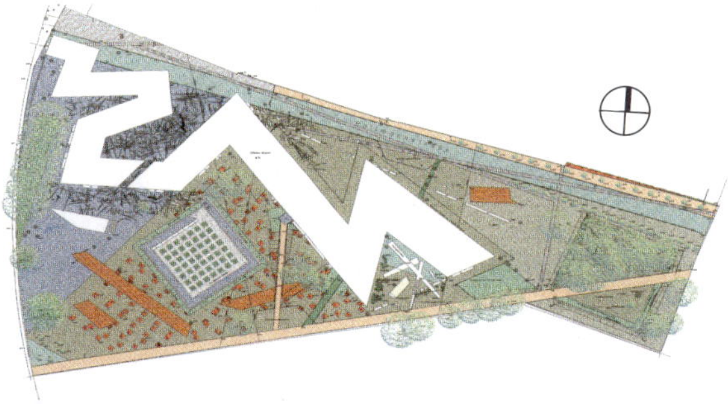

22 Lustgarten

Lage:	Karl-Liebknecht-Straße Am Lustgarten
Bezirk:	Mitte
ÖPNV:	S-Bhf. Hackescher Markt
Zugang:	frei
Bauzeit:	1998 bis 1999
Bauherr:	Land Berlin, vertreten durch die Grün Berlin Park und Garten GmbH
Baukosten:	3 500 000 Euro
Fläche:	22 000 qm
Fotos:	Claas Dreppenstedt Atelier Loidl

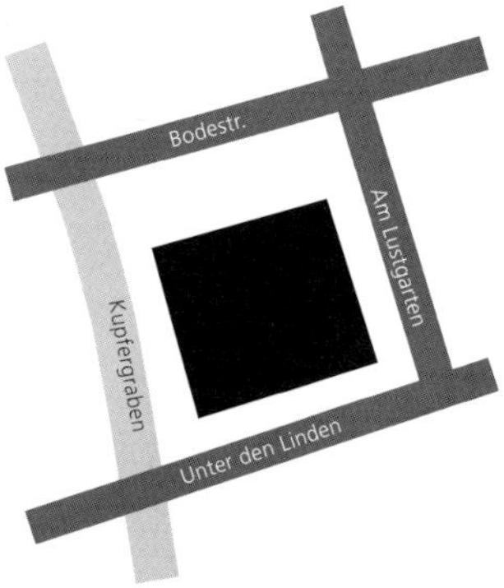

Atelier Loidl, Berlin

Der neue Berliner Lustgarten entstand am Ende einer langen und kontroversen Planungsgeschichte. Mitte der 1990er Jahre gab der Künstler Gerhard Merz in seinem prämierten Wettbewerbsentwurf eine radikal künstlerische Antwort auf die Fragestellung, was mit dem im Nationalsozialismus zum steinernen Aufmarschplatz mutierten Lustgarten vor dem Alten Museum geschehen soll. Seine Pavillons auf steinerner Stadtlandschaft wurden als Bushaltestellen in der Wüste diffamiert.

Auch Gustav Lange scheiterte mit seinem Siegerentwurf aus dem zweiten Wettbewerbsverfahren im Jahre 1997. Mit der vorgeschlagenen Platzmöblierung durch Pflanztröge, die in politisch korrektem Abstand dem denkmalgeschützten Pflaster Respekt zollen sollten, war kein Konsens zu erreichen. Letztlich wurde vom Senat die Entscheidung getroffen, den Denkmalschutz für das Pflaster aufzuheben und den zweiten Preisträger beider Wettbewerbe, das Landschaftsarchitekturbüro Atelier Loidl, mit der Neugestaltung des Lustgartens zu beauftragen. Es schien, als hätten mit dieser Entscheidung die historisierenden Tendenzen über die zeitgenössische und kritische Haltung gesiegt. Beim näheren Hinsehen zeigt sich aber, dass der neue Lustgarten mit seinem vielschichtigen Ansatz, der Ausgestaltung im Detail und der Wahl der Materialien weit entfernt von einer bloßen Rekonstruktion des historischen Schinkel'schen Vorbildes liegt. Im Jahr 2001 wurde die Anlage sogar mit dem Deutschen Landschaftsarchitektur-Preis ausgezeichnet.

Der Grundriss des Gartens hält sich zunächst eng an die ursprüngliche Form des historischen Planes aus dem Jahr 1835 von Karl Friedrich Schinkel, der sich zum Ziel machte, die Wirkung der umliegenden Baulichkeiten zu steigern. Seine gestalterische Zurückhaltung machte es möglich, die Bauten unterschiedlicher Epochen und Baustile wie das Alte Museum, den Dom, das Zeughaus und sei-

Zwei Lindenreihen fassen die Längsseiten des Gartens und verschaffen dem Alten Museum einen würdigen Rahmen.

Parallel zum Museum sind die massiven Muschelkalkeinfassungen der einzelnen Rasenflächen etwas höher und breiter ausgestaltet als in ihrer Längsausrichtung.

Lustgarten

nerzeit das Stadtschloss städtebaulich zu verbinden. Die Metapher des schlichten Parketts mit aufgelegtem Teppich im Loidl'schen Entwurf erscheint daher sehr plausibel.
Zwei Lindenreihen begleiten die Längsseiten des Gartens, begünstigen die Ensemblewirkung von Altem Museum und Lustgarten und schaffen gleichzeitig einen ruhigen Rahmen. Dabei wird auf Höhe der Mittelachse des Domes je eine Baumreihe ausgespart, um den Sichtbezug zu Dom und Zeughaus zu wahren. Der ocker-gelbe Ton der Wegedecke am Kupfergraben erwirkt zudem einen farblichen Schulterschluss zum Zeughaus. Auf dem gepflasterten Parkett aus Grauwacke liegt der eigentliche Lustgartenteppich, geknüpft aus fein strukturierten Pflasterflächen und kissenartig aufgewölbten Rasenparterres. Durch den kleinen Kunstgriff, das Niveau der Rasenflächen anzuheben, tritt die innere Erschließung optisch so weit zurück, dass der innere Bereich des Lustgartens von so manchem Standpunkt als einheitliche Grünfläche erscheint.
Den Schnittpunkt von Museumsachse und Domweg markiert ein Brunnen im Zentrum des Gartens. Das ästhetische Unterwasserrelief aus Muschelkalk formt mit seinem Spiel verschiedener Oberflächen und Höhen eine zurückhaltende Skulptur, die unbedingt eingehender untersucht werden sollte.
Die temporäre „Teppichrahmung" aus Kübelpflanzen erlaubt jederzeit einen flexiblen Szenenwechsel im Lustgarten. Winters preußisch streng und nüchtern, im Sommer dagegen lässt sich mit mediterranem Flair zwischen Oleander und Engelstrompeten lustwandeln. Trotz ihres starken Repräsentationscharakters zeigt sich die Anlage äußerst nutzungsfreundlich. Auf dem Rasen liegen ist nicht nur erlaubt, sondern erwünscht. So wird der Flaneur und Müßiggänger als „Blume auf dem Rasen" Teil des Konzeptes.

Die verschiedenen Oberflächen des Brunnenreliefs variieren von glanzpoliert über diamantgesägt bis bruchrau.

Oleander, Liebesblume, Wandelröschen und Engelstrompete bilden eine blühende Grenze zu den inneren Wegen.

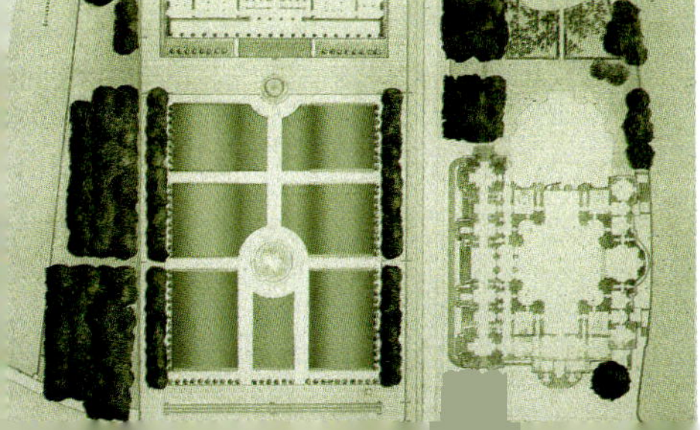

23 Denkmal für die ermordeten Juden Europas

Peter Eisenman, New York

Lage:	Ebertstaße /Behrenstraße
Bezirk:	Mitte
ÖPNV:	S-Bhf. Unter den Linden
Zugang:	frei
Bauzeit:	2004 bis 2005
Bauherr:	Stiftung Denkmal für die ermordeten Juden Europas
Fläche:	19 000 qm
Fotos:	Constanze A. Petrow Tanja Gallenmüller Stiftung Denkmal für die ermordeten Juden Europas, Stefan Müller, 2004

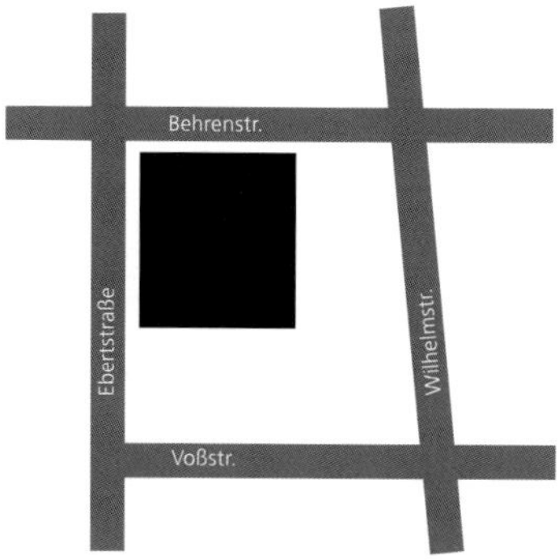

Bereits 1999 beschloss der deutsche Bundestag den Bau eines Denkmals für die ermordeten Juden Europas. Doch bis zur Realisierung des intensiv und kontrovers diskutierten Entwurfes war es noch ein langer Weg. Heute befindet sich der neue Ort des Gedenkens just am touristisch frequentierten Brennpunkt nahe Brandenburger Tor und Regierungsviertel. Doch der historisch sensible Standort blickt auf eine wechselvolle Geschichte zurück. Einst befand sich dort die Reichskanzlei, später die Ministergärten, nach 1961 verschwand der Ort im Niemandsland des Mauerstreifens.

Über fast zwei Hektar erstreckt sich das gerasterte Feld aus 2 711 Betonstelen. 0,95 Meter tief, 2,38 Meter breit und von unterschiedlicher Höhe zeichnen sie die Topographie des Ortes als bewegte Oberflächenkontur nach. Die enorme Dimension und die ästhetische Qualität dieser artifiziellen Landschaft hinterlässt einen überwältigenden Eindruck. Einige der Stelen versperren den Blick, andere leiten ihn nach draußen in die Stadt. Die schnurgeraden, schmalen Wegefluchten scheinen kein Ende nehmen zu wollen.

Es ist die radikale, fast brutal wirkende Reduktion der Gestaltungsmittel, welche diese Fülle von Assoziationen provoziert: vom Gefühl der Leere und Abwesenheit, von irritierender Stille, bedrohlicher Masse oder einem endlosen Gräberfeld. Der Entwurf setzt sich auf seine ganz eigene Art mit dem klassischen Begriff des Denkmals auseinander. Auf subtile Weise trägt er sein Anliegen des Gedenkens in das Bewusstsein des Besuchers und vertraut dabei ganz auf dessen Vorstellungskraft und die Freiheit des Gedankens.

Die Ausstellungsräume des Dokumentationszentrums, die unter der Erde liegen, widmen sich hingegen ganz konkret den Opfern der nationalsozialistischen Judenvernichtung.

Der Entwurf ist aus einem Wettbewerbsbeitrag des Jahres 1997 von Peter Eisenman und Richard Serra hervorgegangen.

Als Übergang zum Tiergarten wurden am Rande des Stelenfeldes lockere Baumgruppen gepflanzt.

24 Wohn- und Geschäftshaus Hackescher Markt

Lage:	Hackescher Markt 2–3
Bezirk:	Mitte
ÖPNV:	S-Bhf. Hackescher Markt
Zugang:	auf Anfrage
Bauzeit:	2000
Bauherr:	Gantenbrink Grundstücksgesellschaft GmbH
Baukosten:	180 000 Euro
Fläche:	350 + 150 qm
Fotos:	Hanns Joosten

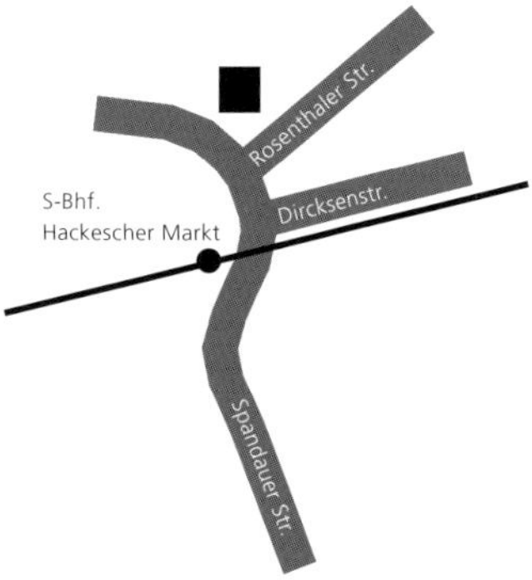

TOPOTEK 1, Berlin

Begibt man sich aus dem bunten, städtischen Treiben am Hackeschen Markt in den Innenhof des Wohn- und Geschäftshauses, stellt sich unvermittelt eine tiefe Ruhe ein. Ein Minimum ausgewählter Materialien und eine einfache Formensprache lassen den Hof wie aus einem Guss erscheinen. Mittelpunkt dieses intimen Raumes ist ein flacher Brunnen, dessen sanfte Geräuschkulisse beinahe die meditative Wirkung eines islamischen Gartens erreicht.

Der Bodenbelag aus schwarzen Granitsteinen präsentiert sich so glatt und steril wie ein gefliestes Bad. Im spielerischen Umgang mit dem Thema Innen und Außen wird dort die Materialität des Gebäudefoyers zitiert. Ebenso schwarz ist auch die schlichte Sitzbank, die der Szenerie einen würdigen Rahmen gibt und den Bewuchs für die begrünte Wand in seine Grenzen weist. Haben Rhododendron und Efeu in ein paar Jahren erst einmal ihr Wuchsziel erreicht, wird sich die atmosphärische Wirkung des satt dunkelgrünen Hintergrundes noch verstärken. Die Beleuchtung integriert sich so unauffällig, als wäre sie gar nicht da. Und die eleganten Fahrradständer möchte man erst gar nicht zum Abstellplatz degradieren.

Das Projekt besteht aus zwei sehr unterschiedlichen Räumen: ein dunkler Innenhof und eine sonnige Dachterrasse. Diese Schlüsseleigenschaften Licht und Schatten wurden im Entwurf verstärkt. Analog zum kühlen, schwarzen Granit des Hofes wurde die Dachterrasse mit hellen, warmen Materialien ausgestattet. Die gemeinschaftlich genutzte Terrasse ist zugleich als Spielfläche für Kinder ausgewiesen. Vor diesem Hintergrund erklärt sich der flächendeckende Kunststoffbelag und der Sandkasten.

Als verbindendes Element zwischen Hof und Terrasse wirken zwei kreisrunde Himmelsspiegel: Brunnen und Tisch.

Die Dachterrasse gestalteten die Planer mit hellen Materialien. In einem glatten, runden Tisch spiegeln sich die Wolken.

Im dunkel gehaltenen Innenhof bildet der kreisrunde Brunnen aus schwarzen Granitsteinen das Pendant zum Spiegeltisch auf dem Dach.

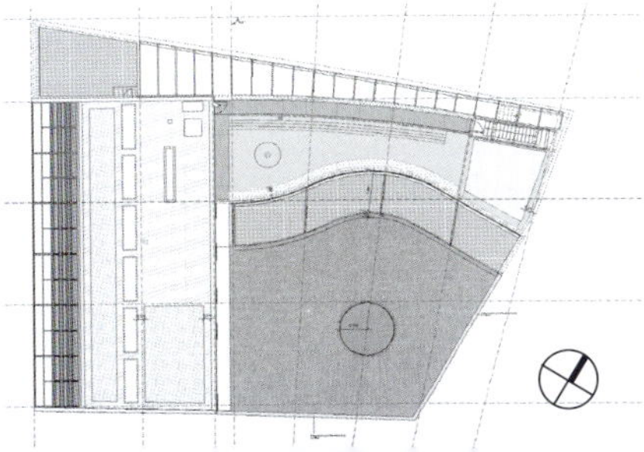

25 Außenanlagen SAP

relais Landschaftsarchitekten, Berlin

Lage:	Rosenthaler Straße 30
Bezirk:	Mitte
ÖPNV:	U-Bhf. Weinmeisterstr.
Zugang:	auf Anfrage
Bauzeit:	2003
Bauherr:	Projektwerke Hamburg AG
Baukosten:	200 000 Euro
Fläche:	1 500 qm
Fotos:	relais Landschaftsarchitekten

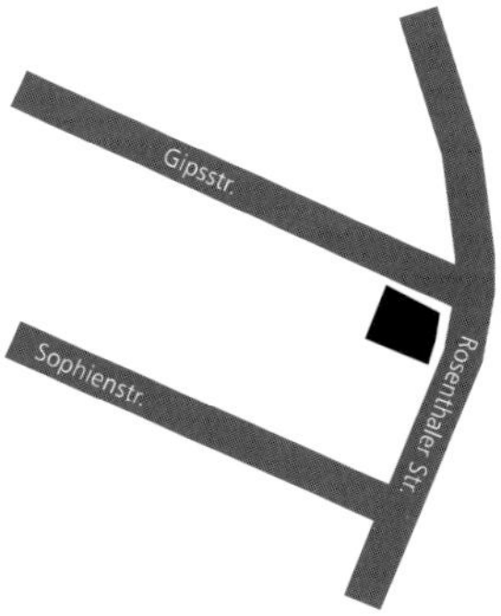

Vorlaut schiebt sich der siebengeschossige Büroneubau der neuen Niederlassung des Softwarekonzerns SAP in die Häuserflucht der Rosenthaler Straße. Die zeitgenössische, gläserne Architektur genießt die Nachbarschaft der Hackeschen Höfe und bietet stilistisch ein ordentliches Kontrastprogramm.
Die Gestaltung des Innenhofes mutet minimalistisch an: eine einzige Pflanzfläche im steinernen Hof, sonst nichts. Ebenso rational und klar wie die Corporate Identity der Firma SAP ist auch die Entwurfssprache der Außenanlagen. Überschwängliche Üppigkeit und diffizile Formübungen sind dort fehl am Platz. Allein das feingliedrige Basaltpflaster oder die kleinen Bodenleuchten deuten auf einen Hang zur liebevollen Handhabung der Mikrostrukturen hin.
Der Innenhof ist der konkurrenzlose Fokus des Gebäudes. Dort treffen sich Wege und Blicke. Denn durch die Glasfassade wird aus nahezu jedem Raum und Geschoss ein visueller Bezug zur offenen Gebäudemitte hergestellt. Eine kissenförmig aufgewölbte Pflanzfläche aus Zwergrhododendron signalisiert mit ihrer dynamischen Oberfläche genau diesen Brennpunkt. Die breite Einfassung aus Betonwerkstein verleiht mittels effektvoller Schattenfuge sowohl der Kontur als auch der Fläche des Beetes mehr Gewicht und Körperhaftigkeit. Auch die Farb- und Formensprache scheint sich eng mit der Architektur abzustimmen. Sanfte Radien statt harter Winkel bestimmen das Bild. Die Farbpalette des Rhododendron reicht vom zarten Grün im Frühjahr über rosafarbene Blüten bis hin zum dunklen Rot des Laubes am Jahresende. Vielleicht erinnert man sich just an dieser Stelle an die kräftig roten Akzente vor dem neutral weiß gehaltenen Hintergrund im Foyer des Gebäudes.
Im Wirtschaftshof begleitet ein großzügig bemessener Zier- und Traufstreifen aus Basaltschotter die Fassaden und lockert mit seiner gebrochene Textur die großen Flächen des Gussasphaltes auf.

Eine leicht gewölbte Fläche mit Zwergrhododendren bildet das Zentrum des Innenhofes der Firma SAP.

Basaltkleinsteinpflaster und farblich kontrastierender schlesischer Granit unterstützen das repräsentative Gesicht des Hofes.

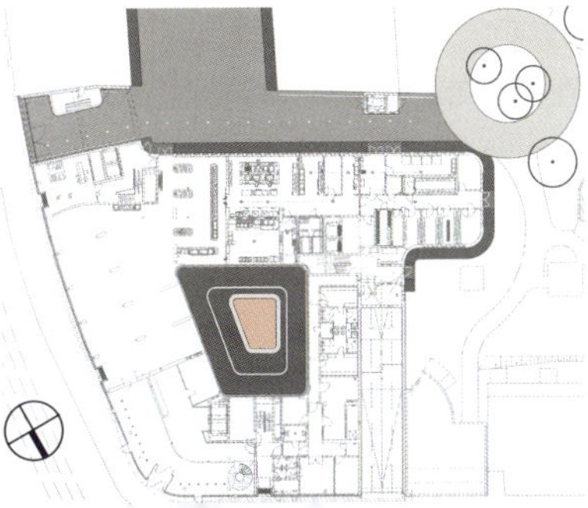

26 Innenhof Kunst-Werke Institute of Contemporary Art

atelier le balto, Berlin

Lage:	Auguststraße 69
Bezirk:	Mitte
ÖPNV:	U-Bhf. Oranienburger Straße
Zugang:	frei, 9 bis 24 Uhr
Bauzeit:	2001
Bauherr:	Kunst-Werke Institute of Contemporary Art
Fläche:	300 qm
Fotos:	atelier le balto

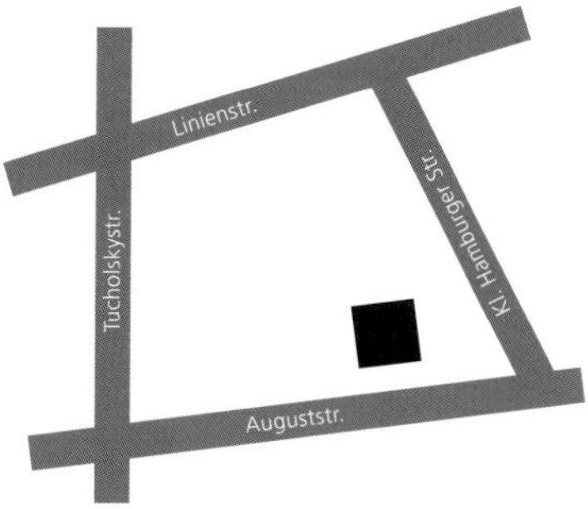

Der denkmalgeschützte Gesamtkomplex der Auguststraße 69 blickt auf eine über zweihundertjährige Bau- und Nutzungsgeschichte zurück. Das aus dem 18. Jahrhundert stammende Vorderhaus und die beiden Seitenflügel aus dem frühen 19. Jahrhundert wurden wenig später durch das ursprünglich als Textilwarenfabrik errichtete Hinterhaus ergänzt. Später diente das Gebäude als Margarinefabrik, seit 1991 steht es dem Kunst-Werke e.V. zur Verfügung.
Inmitten des Hofes setzt das gläserne Café Bravo, eine skulptural anmutende Architektur von Dan Graham und den Architekten Nalbach + Nalbach, einen zeitgenössischen Akzent.
Im Jahr 2001 ist aus dem vormals steinernen Innenhof unversehens ein grüner Garten geworden. Mit seiner unaufdringlichen Grundstruktur und Geometrie bezieht sich der Garten auf das Café Bravo und dessen Spiegelwirkung.
Auf leicht erhöhten Holzstegen durchquert der Besucher ein enges Pflanzenraster und durchbricht als aktiver Bestandteil die vordergründig statisch wirkende Komposition. Jedes Jahr wird dieses Grundgerüst mit neuen Pflanzen bespielt und überrascht die Besucher mit wechselnden Strukturen, Farben, Gerüchen und einer völlig andersartigen Raumwirkung. Insbesondere die Größe der ausgewählten Pflanzen, aber auch Habitus, Farbe und Blattstruktur beweisen die erstaunliche Vielfalt und Gestaltungskraft des lebendigen Materials.
Die Entwurfsverfasser bringen reichlich Erfahrung aus ihrer Tätigkeit für das jährlich stattfindende Festival der „temporären Gärten" mit. Mit dem atelier le balto, das sich seit 2002 im Seitenflügel der Kunst-Werke e.V. befindet, scheint sich nun auch die Philosophie der temporären Gartenkunst und Landschaftsarchitektur im Hof der Auguststraße dauerhaft installiert zu haben.

Von oben nach unten: Die Gartenbilder der Jahre 2001, 2002 und 2004.

Das Kunst-Werke Institute of Contemporary Art wurde schnell zum Zentrum des sich entwickelnden Galerien- und Kunstzentrums in Berlin Mitte.

27 Wohnhöfe Biesenbrower-/Welsestraße

ST raum a., Berlin

Lage:	Biesenbrower Straße 2–64 Welsestraße 5–37
Bezirk:	Hohenschönhausen
ÖPNV:	S-Bhf. Hohenschönhausen
Zugang:	frei
Bauzeit:	1998
Bauherr:	HOWOGE Wohnungs baugesellschaft Hohenschönhausen mbH
Baukosten:	400 000 Euro
Fläche:	19 000 qm
Fotos:	Andreas Burkhard

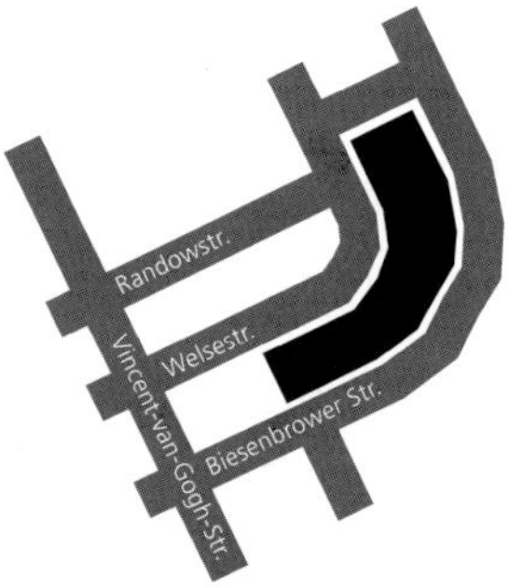

Nach abgeschlossener Sanierungsarbeit präsentiert sich in der Hohenschönhausener Großsiedlung ein charakterstarkes Geschwisterpaar im Freiraum. Die Entwurfsverfasser versuchen in den beiden benachbarten Innenhöfen, dem überdimensionierten Städtebau mit menschlichem Maßstab zu begegnen und haben die moderne Idee des Raumkontinuums durch einen abgeschlossenen Garten mit privatem Charakter ersetzt. Besonders augenfällig ist die spannungsvolle Kombination von Analogie und Kontrast. Während sich die formale Grundaufteilung der beiden Höfe gleicht, findet die Taktik des Kontrastierens gleich auf mehreren Ebenen statt: Schwarz spielt gegen Weiß, schwer gegen leicht, kompakt gegen filigran. Weiterhin ergibt sich durch die konzentriert gesetzten Gestaltungselemente und ihre Einbettung in die scheinbar unberührte Wiese eine wirkungsvolle Dialektik.
Im Zentrum des „Kiefernhofes" umgibt ein dunkler Weg aus Betonplatten das eng definierte Gartenfeld wie ein Rahmen. Im Niveau etwas angehoben, liegt das Feld wie ein Podest auf der Wiesenfläche. Die innere Flächenaufteilung folgt einem mosaikartig verschachtelten Gestaltungsmuster, welches latent an die orthogonalen Strukturen der umliegenden Stadtstruktur im gezoomten Maßstab erinnert. Analog dazu wurde das Gartenfeld des Geschwistergartens „Birkenhof" mit einem hellen Rahmen ausgestattet. Die innere Flächenaufteilung folgt dort einem unregelmäßig linearen Muster. Den Auftakt bildet jeweils ein kleines Boskett mit einem farblich adäquaten Kunst-Objekt. Im Sommer verändert sich das Bild des Hofes gründlich. Denn dann übervorteilen die gefüllten Wäscheleinen zwischen den fest installierten Stangen schamlos die leuchtenden Bonbonfarben der akkurat platzierten Sitzhocker.

Das Innenleben der beiden abgegrenzten Gartenfelder ist orthogonal gegliedert.

In den Hof ist zweifellos mehr Ruhe eingekehrt. Inzwischen wurden die Hofzugänge für die öffentliche Nutzung geschlossen.

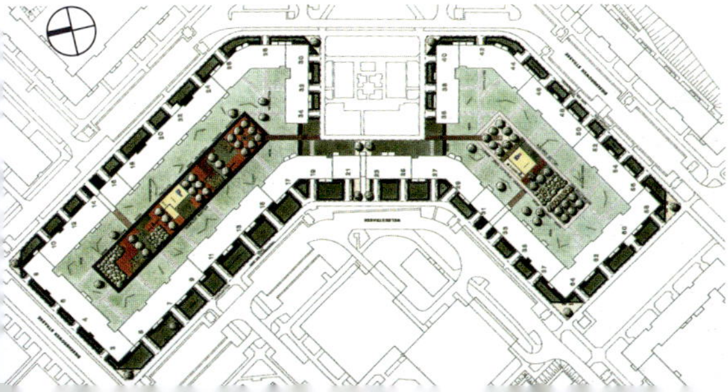

28 Wuhlepark
Wiesenpark und Stadtgarten

Gruppe F, Berlin

Lage:	Eisenacher Straße Landsberger Allee
Bezirk:	Marzahn
ÖPNV:	U-Bhf. Cottbusser Platz
Zugang:	frei
Bauzeit:	1999 bis 2002
Bauherr:	ELT, ARGE Marzahn
Fläche:	200 000 qm
Fotos:	Andreas Muhs Claas Dreppenstedt Nikolai Koehler

Zur neuen Familie der extensiv gestalteten Stadtparks an der Berliner Peripherie gehört der Wuhlepark. Formuliertes Ziel der Entwurfsverfasser ist es, den hybriden Charakter des Stadtrandes bewusst zu inszenieren. Anstelle flächendeckender Gestaltung setzen sie dort gezielt Schwerpunkte. Schonende Akupunktur statt operativer Eingriff unter Vollnarkose.
Der Wuhlepark ist Teil des übergeordneten Wuhletal-Grünzuges zwischen den Großsiedlungen Marzahn und Hellersdorf. Mit dem Neubau der Wohnsiedlung Landsberger Tor bestand sowohl die Verpflichtung, den Grünzug weiterzuentwickeln als auch die Notwendigkeit eines Stadtteilparks in der Siedlung.
Ein dichter Gehölzsaum entlang der Wuhle, eine offene Wiesenlandschaft und anspruchsvolle Spielflächen am Siedlungsrand bestimmen die thematische Abfolge des Wiesenparks. Inmitten der weiten, scheinbar sich selbst überlassenen Landschaft erscheinen so genannte „Loci spectabile" – besondere Orte wie artifizielle, städtische Einlagerungen. So auch die vier Stadtbalkone, die sich wie Brückenköpfe vor die neue Stadtkante schieben und damit eine bemerkenswerte Aussicht bieten. Denn die größte Qualität des Landschaftsraumes besteht in seiner enormen Weite.
Der intensiv gestaltete und im Gegensatz zum Wiesenpark fast verspielte Stadtgarten durchläuft das neue Wohngebiet als schmales, raumfüllendes Band aus Rasenwellen. In der Hügellandschaft, in der sich mit Vorliebe die Kinder tummeln, wurden besondere Aufenthaltsorte zum Spielen und Verweilen geschaffen. Wie Stanzlöcher sitzen die Orte geschützt in der bewegten Topografie. Eine Vielzahl unterschiedlicher Gartenbilder aus Staudenpflanzungen, Strauchgruppen oder lichten Baumhainen begleiten die grüne Welle des Stadtgartens, die schließlich ins Wuhletal mündet.

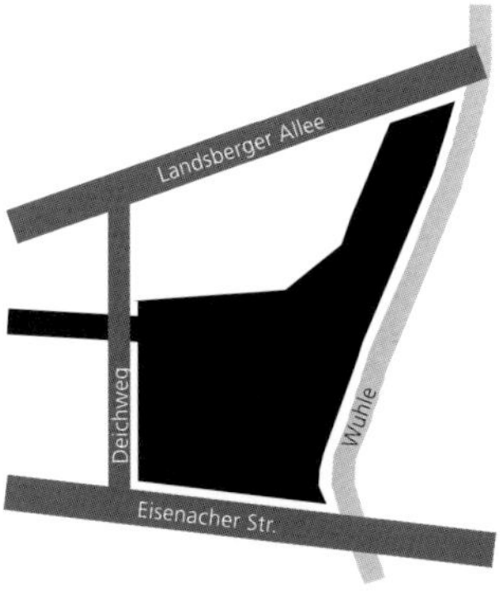

Insgesamt vier Bastionen liegen als Aussichtsplattformen vor der Stadtkante im Wiesenpark.

Die Wellen des Stadtgartens sollen Spaziergänger zum Wiesenpark leiten.

Der schmale Stadtgarten schiebt sich in den Wiesenpark hinein. In dem weiten Park liegen intensiv gestaltete „Loci spectabile".

29 Tuchollaplatz

Regina Poly mit Kerstin Laube, Berlin

Lage:	Türrschmidtstraße Geusenstraße
Bezirk:	Lichtenberg
ÖPNV:	S-Bhf. Nöldnerplatz
Zugang:	frei
Bauzeit:	2001
Bauherr:	Bezirksamt Lichtenberg
Baukosten:	150 000 Euro
Fläche:	1 200 qm
Fotos:	Büro Regina Poly

Der Tuchollaplatz wurde Ende des 19. Jahrhunderts als baulich durchgängig gefasster Stadt- und Marktplatz in der Lichtenberger Victoriastadt angelegt.
Die behutsam vorgenommenen Eingriffe machen sich für so manchen Besucher erst auf den zweiten Blick bemerkbar, denn der neue Quartiersplatz bettet sich ganz selbstverständlich in die historisch gewachsene Struktur. Die Philosophie des Entwurfes bestand darin, mit möglichst wenigen Eingriffen sowohl die Aufenthaltsqualität des Platzes zu verbessern, als auch seine Bedeutung als Quartiersmittelpunkt zu stärken, ohne den historischen Charakter mit seinem gründerzeitlichen Flair zu verändern.
Zunächst wurde die nördlich der Platzfläche verlaufende Straße für den Durchgangsverkehr gesperrt und dem Platz zugeordnet. Die auf Gehwegniveau angehobene Straße und die neu platzierten Holzpodeste signalisieren zwanglos aber deutlich: Vorsicht Fußgänger. Trotz des Eingriffs bleibt durch die leichte Höhenentwicklung an der nördlichen Platzspitze die historische Inselform ablesbar. Die kontraststarken, in hellem Granit gehaltenen Stufen pointieren zusätzlich die charakteristische Dreiecks-Figur des Platzes. Das historische Mosaikpflaster inklusive der Markierungen der Marktstände wurde wieder eingebracht, die bewachsenen Baumscheiben mit niedrigen Gittern geschützt. Mit dem Vorsatz, dem Platz wieder mehr Lebendigkeit zu verleihen, wurde ein ausrangiertes WC-Häuschen durch einen eigens entwickelten Kiosk mit Außenbewirtschaftung ersetzt. Heute finden auf dem Platz wieder Veranstaltungen statt. Der Kiez hat sich seit den 90er Jahren deutlich verjüngt und die Anwohner nutzen und schätzen den zurückgewonnenen Stadtraum auf vielfältige Weise.

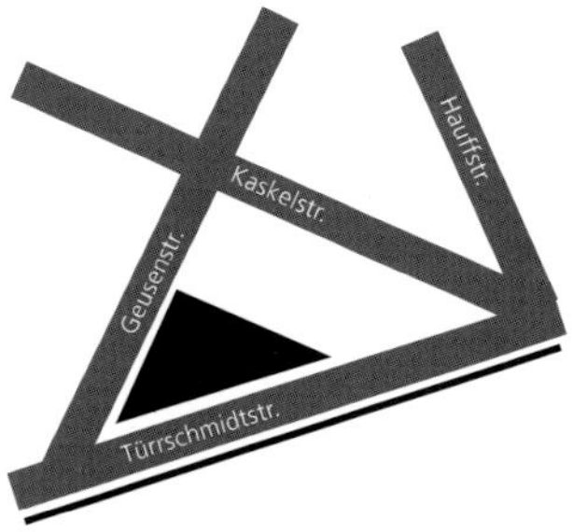

Die Parkbänke erhielten einen roten Anstrich, der historische Kandelaber und die alte Wasserpumpe wurden restauriert. Doch die Hauptrolle aller Gestaltungselemente spielen zweifellos die raumgreifenden, hochgewachsenen Robinien.

Auf Initiative eines Anwohners gibt es seit kurzem sogar eine kleine Galerie auf dem Platz. In einem alten Linienverzweiger, einst Schnittstelle und Sammler für die Telefonleitungen der Reichspost, präsentiert sich ein Fotokarussel mit Berliner Stadtansichten.

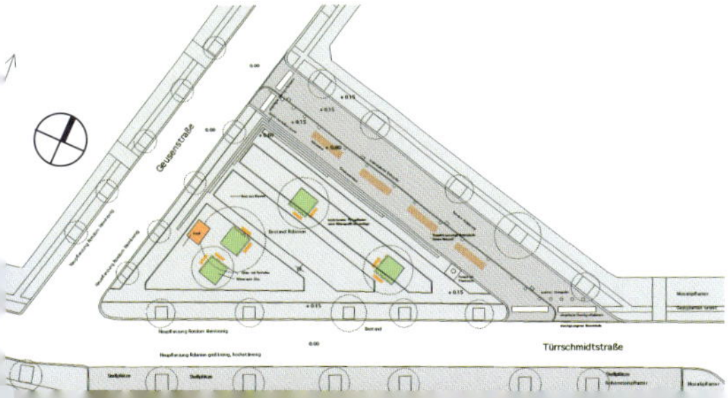

30 Oberbaum City

Lage:	ehemaliges NARVA-Gelände, Rotherstraße Stralauer Allee
Bezirk:	Friedrichshain
ÖPNV:	U-Bhf. Warschauer Straße
Zugang:	frei
Planung/ Bauzeit:	1995 bis 1997
Bauherr:	Hypo-Tecta
Baukosten:	6 Mio. Euro
Fläche:	65 000 qm
Fotos:	Robert Schäfer

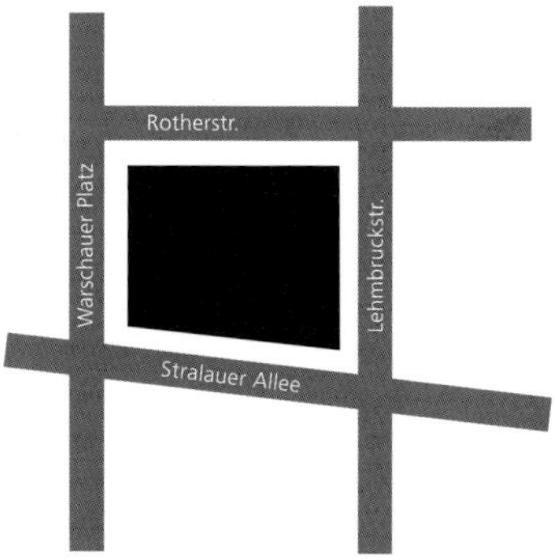

Gustav Lange, Hamburg

Wie eine Insel der Ruhe liegt das Areal der ehemaligen Osram-Fabrik in einem engen Netz aus S-und U-Bahntrassen, Hauptverkehrsadern, Diskotheken und Clubs. Seit Ende der 1990er Jahre sind dort neue Mieter ansässig geworden, denn die sanierten Werkhöfe der Rotherstraße sind zur guten Adresse für Kreative und Forschende geworden.
Die Gestaltung der Höfe ist mindestens ebenso zurückhaltend wie die Industriearchitektur der rot geklinkerten Blockrandbebauung selbst. Gustav Lange bespielt den Freiraum mit unterschiedlichen Themen. Zwei der Höfe wurden mit einem Bodenraster aus mattem Glas ausgestattet. Diese Hommage an die einst dort fabrizierten Glühbirnen erschließt sich jedoch erst nachts. Denn dann erglühen die Bodenplatten in einem Teppich aus grünem Licht und verleihen dem Außenraum eine surreale Atmosphäre.
In den vier Nachbarhöfen erwartet den Besucher ein sehr viel aufwändigeres Naturschauspiel. Dort vollzieht sich mit Hilfe einfachster Mittel eine ästhetisch kontrollierte Metamorphose vom rohen Steinblock zum Garten. Exakt auf den Wegekreuzungen der Durchgänge wurde in jedem Hof ein etwa drei Meter hoher Monolith aus Kalkstein positioniert. Ein stetiger Wasserfilm benetzt die komplex strukturierte Oberfläche des Steines und unterstützt die fortschreitende Besiedelung durch Algen, Moose, Farne und andere Pflanzen. Mit dieser Strategie schafft der Landschaftsarchitekt Raum für die ungestörte Entwicklung der Vegetation und übergibt der Natur die Regie im Gestaltungsprozess. Damit lenkt er die Wahrnehmung auf die in der Gestaltung häufig vernachlässigten Faktoren natürlicher Prozesse: Zeit und Dynamik.
Das zu erwartende Eigenleben dieser inszenierten Neubesiedelung ist es auf jeden Fall wert, das Projekt über einen längeren Zeitraum zu beobachten.

Wasser rieselt die Kalkstein-Monolithen in den Innenhöfen herunter, die im Laufe der Zeit Moos ansetzen. Bereits auf dem Weg zu den Höfen kündigen rohe Steinblöcke das Thema der Gestaltung an.

Die Dimension der Steinblöcke entspricht nahezu der Positivform der Durchgangsöffnungen.

31 Akademieplatz

Levin Monsigny
Landschaftsarchitekten, Berlin

Lage:	Rudower Chaussee Gottfried-Leibnitz-Str.
Bezirk:	Adlershof
ÖPNV:	S-Bhf. Adlershof
Zugang:	frei
Bauzeit:	2004
Bauherr:	Adlershof Projekt GmbH
Baukosten:	170 000 Euro
Fläche:	2 500 qm
Fotos:	Claas Dreppenstedt

In der Wissenschafts- und Forschungsstadt Adlershof vollzieht sich seit Jahren eine spannende städtebauliche Entwicklung. Seinerzeit Standort des Flugplatzes Johannisthal und der Deutschen Versuchsanstalt für Luftfahrt, ist Adlershof heute Zielpunkt innovativer Unternehmen, Dienstleister und universitärer Foschungseinrichtungen. Historisch bedeutende Baudenkmäler wechseln sich dort mit aktuellen architektonischen und landschaftsgestalterischen Statements ab. Als tragender Teil eines übergeordneten Grünsystems liegt der neu gestaltete Akademieplatz in der Sichtachse der Rudower Chaussee und bietet damit einen guten Orientierungspunkt im Stadtraum. Seine Fläche wird von dem denkmalgeschützten Gebäudeensemble der ehemaligen Versuchsanstalt für Luftfahrt und einem kürzlich ergänzten Informationspavillon begrenzt. Um die Platzfläche zu gliedern, schufen die Planer zunächst ein dominantes Gegensatzpaar aus grüner Ruhe und belebtem Steinfeld. Während der Pavillon auf einem Tablett aus Kalkstein thront, bettet sich drei Stufen tiefer ein weicher Rasenteppich in den Rahmen des L-förmigen Baukörpers der ehemaligen Versuchsanstalt. Die Fassade des Gebäudes prägt den Charakter des Areals maßgeblich, weshalb sich auch die Materialwahl aus hellem Kalksteinpflaster und Rasen stark am Bestand orientiert. Locker angeordnete Ebereschen strukturieren die offene Rasenfläche und geben mit ihrem transparent gefiederten Laub wechselnde Durchblicke auf Straße und Gebäude frei. Ganz dem akademischen Kontext der Umgebung verpflichtet, huldigt der Platz der Wissenschaft. Als wären dem eilenden Forscher wichtige Dokumente ins Grüne gefallen, zeichnen rätselhafte wissenschaftliche Symbole ein kreatives Chaos auf den Platz. Wie kleine Zierfenster liegen sie auf der steinernen Fläche, führen auf den Rasen und verbinden beide Bereiche miteinander.

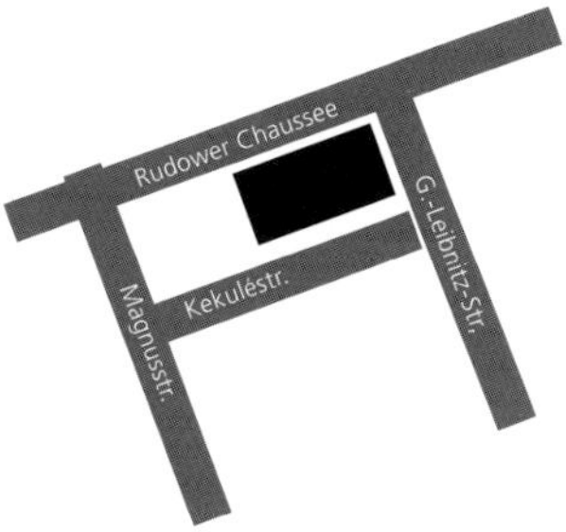

Niedrige Pflanzen und metallene Zeichen finden sich in den dunklen Füllungen der Zierfenster. Die Gliederung und Proportion jener Flächen entsprechen den Fenstern des alten Gebäudes.

Blüten, prächtiger Fruchtschmuck und die orangerote Herbstfärbung der Ebereschen setzen Akzente im Wechsel der Jahreszeiten.

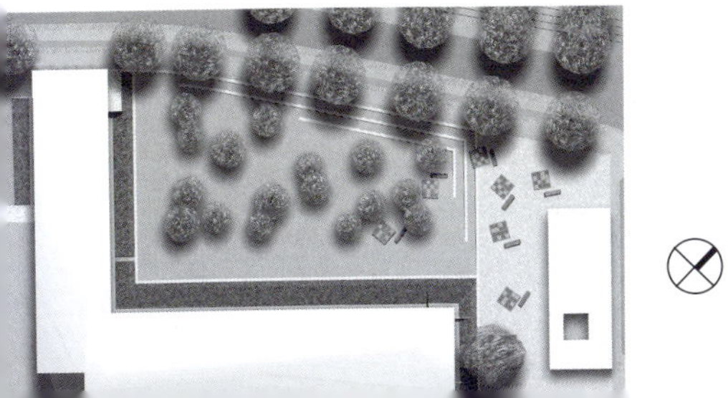

32 Landschaftspark Adlershof

Lage: Segelfliegerdamm
Eisenhutstraße
Rudower Chaussee
Bezirk: Adlershof
ÖPNV: S-Bhf. Adlershof
Zugang: frei
Bauzeit: 1998 bis 2000
Bauherr: Berlin Adlershof Aufbau ges. mbH, Adlershof Projekt GmbH, WISTA Management GmbH
Baukosten: 12 900 000 Euro
Fläche: 700 000 qm
Fotos: Hanns Joosten

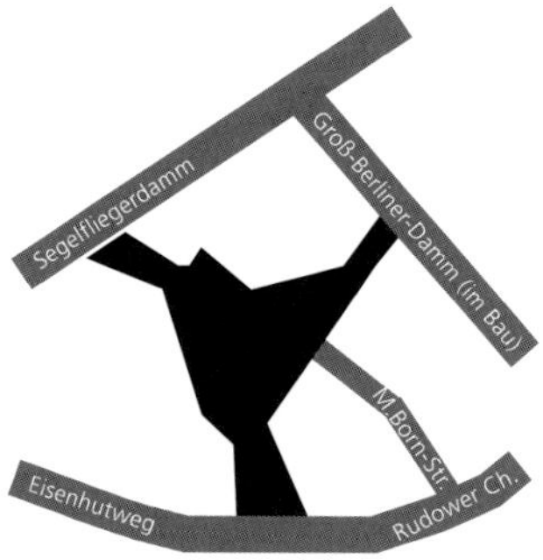

Büro Kiefer, Berlin

Das ehemalige Flugfeld Johannisthal in Adlershof war zu Beginn des 20. Jahrhunderts eines der wichtigsten Experimentierfelder bei der Entwicklung der Luftfahrt. Im Laufe der Jahre fiel die Fläche brach und es entwickelte sich ein ökologisch wertvolles Trockenrasenbiotop, das als Naturschutzgebiet in die weitere Planung integriert wurde.
Die geschützte Fläche wird von Mauern aus Drahtschotterkörben und einem parallel angegliederten, erhöhten Rundweg eingefasst. Die geschickte Rahmung schützt den zunächst eher unspektakulär wirkende Trockenrasen vor dem Betreten durch die Besucher und setzt ihn zugleich effektvoll in Szene. So rückt er ganz pädagogisch als wertvolles Stück Natur ins Bewusstsein der Besucher.
Das Parkkonzept besteht vor allem in der direkten räumlichen Konfrontation von geschützten und intensiv für die Erholung genutzten Bereichen. Der „Aktivpark" an den Rändern der geschützten Kernzone ist als freiräumliche Fortsetzung der städtebaulichen Struktur der Wissenschaftsstadt gedacht. Wie auf einem Band reihen sich dort Kammern intensiver Parknutzungen: Spiel- und Sportplätze, Liegewiesen und Themengärten. Jede Straße, die auf den neu gestalteten Park trifft, gewährt durch topografisch inszenierte Stadtfenster einen freien Blick aus der Tiefe der Stadt hinaus in die offene, weitläufige Landschaft. Und plötzlich stellt sich das Gefühl ein, ganz weit draußen zu sein.
In den trichterförmigen Freiraumfugen der städtebaulichen Figur schlägt eine artifizielle Parklandschaft den Bogen zur Natur. Die traditionellen Stilmittel des Landschaftsparks wurden dort in eine zeitgemäße Sprache übersetzt.
Das Grundgerüst des Parks wurde bereits als „Grünes Herz" der Wissenschaftsstadt fertig gestellt. Doch die mutige Konzeption „Grün vor Bebauung" bleibt ein Glücksspiel.

Die Kernzone des Naturschutzgebietes dient der Sicherung einer 26 Hektar großen Fläche, die vorwiegend aus ausdauerndem Sandtrockenrasen und ruderalem Halbtrockenrasen besteht. Zwei Stege sollen künftig behutsam die Flächen erschließen.

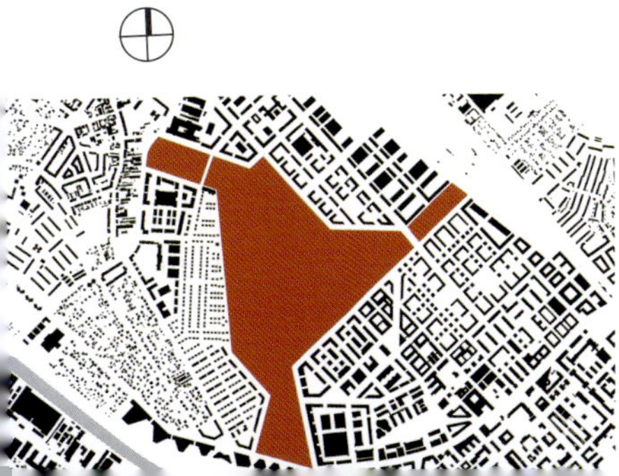

Das bisher erstellte Grundgerüst des Parks soll im Zuge der zu erwartenden städtebaulichen Verdichtung weiter ergänzt werden.

33 Krankenhaus Hedwigshöhe

ST raum a., Berlin

Lage:	Höhensteig 1
Bezirk:	Altglienicke
ÖPNV:	S-Bhf. Grünau
Zugang:	teilweise frei auf Anfrage
Bauzeit:	2002 bis 2004
Bauherr:	St. Hedwig Kliniken GmbH
Baukosten:	1 500 000 Euro
Fläche:	56 000 qm
Fotos:	Jordi Bernado

Genau an der Schnittstelle zwischen weitläufiger Landschaft und der entstehenden Gartenstadt Falkenberg setzt das Krankenhaus Hedwigshöhe mit seinen neuen Erweiterungsbauten einen edlen Schlussstein. Mit französischen Fenstern, heller Putzfassade und filigranen Holzlamellen hinterlässt das deutsch-katalanische Architekten-Team Huber Staudt mit Brullet und Pineda unverkennbar die Spur Barcelonas. Die städtebauliche Anordnung der neu hinzugekommenen Gebäude der Fachbereiche Somatik und Psychiatrie wurde aus dem Bild der Gartenstadt entwickelt. Die paarweise miteinander verknüpften Pavillons der Psychiatrie bilden eine weiche Linie zum offenen Landschaftsraum, während sie nach innen an einen zentralen Freiraum, den sogenannten Anger angebunden sind. Als Mittelpunkt und Bindeglied des gesamten Gebäudeensembles liegt dort das städtebauliche Herzstück. Die historische Kapelle markiert mit ihrem Glockenturm weithin sichtbar diese neue, freigehaltene Mitte. Der langgestreckte von Kastenlinden gesäumte Platz zitiert einerseits das Thema der bestehenden Lindenallee und verlängert gleichzeitig die Westachse des künftigen Haupteinganges bis ins Innere des Krankenhausgeländes. So wird zwanglos zwischen Alt und Neu vermittelt. Am Fuße einer Serie von Terrassengärten und einer kleinen Gärtnerei führt die historische Lindenallee auf der heutigen Rückseite des Geländes hinauf zur Buntzel'schen Villa. Eine Art Landschaftsgarten mit beachtlichem Altbaumbestand umgibt das renovierungsbedürftige Haus, das sich derzeit noch mit dem mediterranen Charme vergangener Zeiten umgibt. Auf der Rückseite der Villa entwickelt sich eine Szene historischer Gartenbilder, die sich jedoch abrupt umkehrt, sobald man den minimalistisch-meditativen Patio im Bau der Somatik betritt. Die kleinen Höfe der Pavillons hingegen formen mittels Pflanze und Stein therapeutische Sinnesfelder für die Patienten der Psychiatrie.

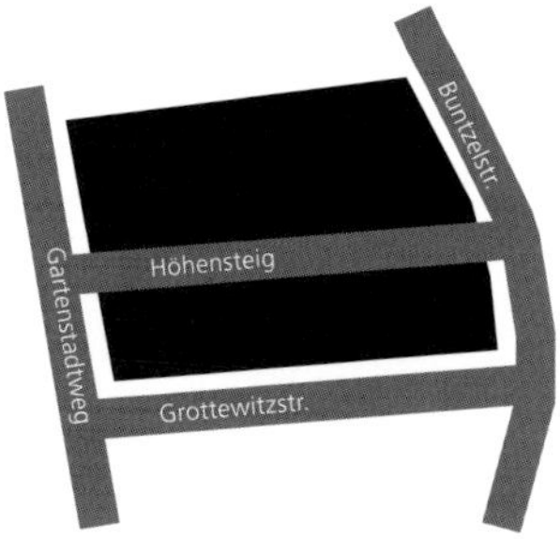

Der Obstbaumbestand des topografisch wiederhergestellten Falkenbergs. Von dort aus eröffnet sich eine unerwartet weite Aussicht.

Statt des vorgesehenen Seerosenteiches liegt heute ein enormes Rückhaltebecken für Regenwasser neben den üppigen Rhododendronbeeten der Buntzel'schen Villa.

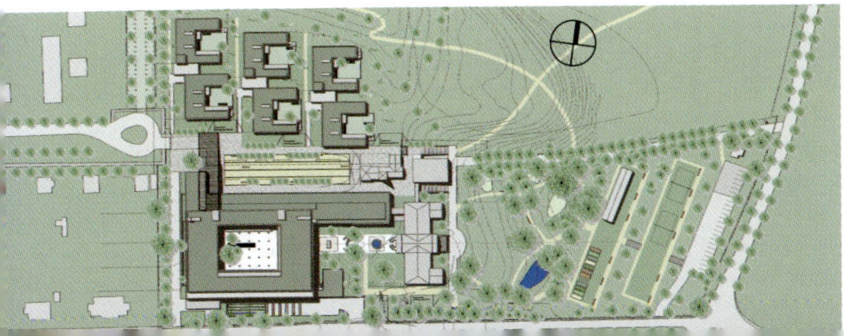

CALLWEY

Für die Zukunft gestalten.

Die Welt der Gartenkunst

Die Schönheit der Natur zu übertreffen und einen paradiesischen Ort zu schaffen, war schon immer das Bestreben der Menschen, wenn sie einen Garten anlegten. Der Film entführt in die faszinierende Welt berühmter Parks und Gärten in Deutschland, Frankreich und Österreich. Traumhafte Spaziergänge in klassischen Klostergärten, barocken Schloss- und englischen Landschaftsparks und in zeitgenössischen Erholungs- und Erlebnisparks machen die Vielfalt der Landschaftsarchitektur lebendig. Auch Parks, die durch Bundesgartenschauen entstanden sind, werden in ihrer wichtigen Funktion für die Städte vorgestellt. Namhafte Landschaftsarchitekten und Gartendenkmalpfleger führen ein in die Welt der Gartenkunst und äußern sich, auf einer zusätzlichen filmischen Ebene, zu aktuellen Fragen und Visionen der Parkgestaltung. Ein detailliertes Verzeichnis erleichtert das Aufsuchen der vorgestellten Parks und Gärten.

Der Traum vom Paradies
DVD; Laufzeit ca. 120 Minuten
ISBN 3-7667-1639-5

www.callwey.de

CALLWEY
edition Garten+ Landschaft
STUTTGART
Ein Begleiter zu neuer Landschaftsarchitektur

CALLWEY
edition Garten+ Landschaft
MÜNCHEN
Ein Begleiter zu neuer Landschaftsarchitektur

CALLWEY
edition Garten+ Landschaft
HAMBURG
Ein Begleiter zu neuer Landschaftsarchitektur

Nicole Uhrig

Jahrgang 1970; Studium der Landschaftsplanung an der TU Berlin, Studium Städtebau und Master für Landschaftsarchitektur an der Escola Superior d´Arquitectura in Barcelona. 1997 Buchveröffentlichung „Freiräume in Berlin". Freie Mitarbeit im Berliner Büro ST raum a. Seit 2004 Wissenschaftliche Mitarbeiterin am Institut für Grünplanung und Gartenarchitektur, Universität Hannover.

Streitfeldstraße 35, 81673 München
www.callwey.de
www.garten-landschaft.de
E-mail: buch@callwey.de

Die Deutsche Bibliothek verzeichnet diese Publikation in der Deutschen Nationalbibliografie; detaillierte bibliografische Daten sind im Internet über <http://dnb.ddb.de> abrufbar.

ISBN 3-7667-1636-0

Herausgeber: Garten + Landschaft
Autorin: Nicole Uhrig, Berlin
Titelbild: DS landschapsarchitecten, Amsterdam
Gestaltung: Boris Storz, München
www.boris-storz.de
Layout: oszillograf, Olaf Kolbe
Litho: Erasmus Winter, Bad Tölz
Druck und Bindung: Druckerei Triltsch, Ochsenfurt
Printed in Germany

CALLWEY
Für die Zukunft gestalten.